T0131828

tials liefern aktuelles Wissen in konzentrierter Form. Die Essenz dessen, ıf es als „State-of-the-Art" in der gegenwärtigen Fachdiskussion oder in der s ankommt. *essentials* informieren schnell, unkompliziert und verständlich

- s Einführung in ein aktuelles Thema aus Ihrem Fachgebiet
- s Einstieg in ein für Sie noch unbekanntes Themenfeld
- s Einblick, um zum Thema mitreden zu können

Bücher in elektronischer und gedruckter Form bringen das Fachwissen Springerautor*innen kompakt zur Darstellung. Sie sind besonders für die :ung als eBook auf Tablet-PCs, eBook-Readern und Smartphones geeignet. *ntials* sind Wissensbausteine aus den Wirtschafts-, Sozial- und Geisteswis-chaften, aus Technik und Naturwissenschaften sowie aus Medizin, Psycho-e und Gesundheitsberufen. Von renommierten Autor*innen aller Springer-.agsmarken.

ıtere Bände in der Reihe http://www.springer.com/series/13088

essentials

*esse
wor
Pra

- ɛ
- ɛ
- ɛ

Die
vor
Nu
*ess
ser
log
Ve

W

Frank Weber

Innovation aus Leidenschaft

So gestalten Unternehmen kraftvoll eine passende Innovationskultur

Mit einem Geleitwort von Carsten Knop, Herausgeber der Frankfurter Allgemeine Zeitung

Springer Gabler

Frank Weber
Geschäftsleitung, weber.advisory
Idstein/Taunus, Deutschland

ISSN 2197-6708   ISSN 2197-6716   (electronic)
essentials
ISBN 978-3-658-35506-7   ISBN 978-3-658-35507-4   (eBook)
https://doi.org/10.1007/978-3-658-35507-4

Die Deutsche Nationalbibliothek verzeichnet diese Publikation in der Deutschen Nationalbibliografie; detaillierte bibliografische Daten sind im Internet über http://dnb.d-nb.de abrufbar.

Planung/Lektorat: Mareike Teichmann
Springer Gabler ist ein Imprint der eingetragenen Gesellschaft Springer Fachmedien Wiesbaden GmbH und ist ein Teil von Springer Nature.
Die Anschrift der Gesellschaft ist: Abraham-Lincoln-Str. 46, 65189 Wiesbaden, Germany

Was Sie in diesem *essential* finden können

Wie steht es eigentlich um die Innovationsfähigkeit von Unternehmen? Angesichts vieler technologischer, gesellschaftlicher und politischer Veränderungen gewinnt diese Frage für die Zukunftsfähigkeit von Unternehmen immer größere Bedeutung.

Ok, Innovationen sind wichtig. Doch was ist konkret zu tun, um diese zu befördern und um ein Klima im Unternehmen zu schaffen, dass als innovationsfreudig bezeichnet werden kann. Als Unternehmen, in dem Innovationen aus der Leidenschaft der Mitarbeitenden entstehen können.

Die vorliegende Schrift sieht die Antworten vor allem in einer passenden Unternehmenskultur und einer diese unterstützende Arbeit von Führungskräften. Entsprechend entnehmen Sie der Lektüre Informationen über Attribute und Merkmale von Unternehmenskulturen, die innovationsfreundlich sind und auch eine Anleitung, wie Sie solche Kulturen gestalten können. Sie lernen, warum sich besonders erfolgreiche Unternehmen oftmals sehr schwer tun, ihren Erfolgspfad mit weiteren Innovationen und daraus resultierenden Veränderungen fortzuschreiben. Am Ende des ersten Blocks haben Sie ein Verständnis für die wesentlichen kulturellen Weichenstellungen auf dem Weg zu Innovationen aus Leidenschaft.

Der zweite Block beschäftigt sich mit der wesentlichen Personengruppe, die diese Weichenstellungen im Unternehmen vornehmen müssen. Diesen Teil widmen wir der Arbeit der Führungskräfte. Hierzu unterscheiden wir zum einen die unterschiedlichen Rollen „Manager" und „Leader". Beschäftigen uns mit dem Mangel an Führung in den meisten Unternehmen und arbeiten heraus, was zu tun ist, um Innovationen aus Leidenschaft durch Leadership zu ermöglichen.

Viel Erfolg auf Ihrer KulTour hin zu Innovationen aus Leidenschaft.

Frank Weber – Idstein & Callantsoog im Sommer 2021

Geleitwort: Am Scheideweg

Manchmal steht ein Unternehmen oder eine ganze Gesellschaft am Scheideweg. Dann sind neue Ideen gefragt. Aber wie viel Mut hat man in einer solchen Situation, das wirklich Neue zu wagen, das Risiko zu erkennen, bewusst einzugehen, nicht doch wieder den Ängsten nachzugeben? In erfolgreichen Unternehmen, oder besser, in denjenigen, die es über Jahre und Jahrzehnte hinweg waren, ist die Gefahr, die in dieser Situation verborgen ist, besonders groß. Lieber noch ein Gremium von Beratern oder Fachleuten einberufen, bevor die Entscheidung wirklich getroffen wird. Möchte der Geschäftsführer (oder Politiker) wirklich ins Risiko gehen, oder den radikalen, neuen Vorschlag doch lieber so lange verwässern, bis nichts mehr von ihm übrig bleibt? Oder doch einen Versuch wagen, aber lieber halbherzig, und wenn es dann – was zu erwarten ist – nicht klappt, die Schuld auf die Berater schieben?

Eigentlich wird man an entscheidender Stelle eben deshalb besser bezahlt, weil es dort gilt, Entscheidungen zu treffen und dafür Verantwortung zu übernehmen. Aber wer will das schon? Gibt es nicht auch noch die Möglichkeit, etwas wirklich Neues so lange auf unteren Ebenen weiterentwickeln zu lassen, bis sich ein subalterner Bereichsmanager dafür so sehr begeistert, dass man ihn ganz wunderbar im Regen stehen lassen kann, wenn es dann doch nicht klappt?

Es wäre ja gar nicht so dumm, kurz vor der Markteinführung des radikal Neuen zu sagen: „Aber die Gefahr, dass unser bisheriges Hauptprodukt kannibalisiert wird, ist mir viel zu groß." Oder: „Das ist doch wieder nur eine Deiner hemdsärmeligen Entscheidungen." „Na gut, das Projekt ist nicht mehr aufzuhalten." „Aber ich habe Dich gewarnt." Wird die Sache ein Misserfolg, wird das Neue ein Findelkind bleiben, irgendjemand wird sich finden, dem die Schuld gegeben werden kann.

Stellt sich wider Erwarten Erfolg ein, wird er viele Väter und heute auch Mütter haben. Kann so aber Veränderung gedeihen, die Unternehmen oder Gesellschaften wirklich verwandeln, eine Innovationskultur entstehen, die den Namen im positiv-kreativen Sinne verdient? Hand aufs Herz, wie ist es in Ihrem Unternehmen, unter Ihrer Führung gar? Wie groß ist die Verlockung vor dem Gang ins Risiko irgendwo eine Art Versicherungspolice zu ziehen, den Berater vorzuschicken zum Beispiel, oder den draufgängerischen, unüberlegten Mitarbeiter?

So aber wird das nichts mit dem, was Gesellschaft und Unternehmen in den kommenden Jahren in Deutschland leisten müssen. Inkrementelle Verbesserungen des Bestehenden, das können alle gut, aber der neue, mutige, große Wurf, der gelingt zu selten. Will man erst einmal mit einem Beinahe-Prototypen auf den Markt kommen, der gut genug ist, der sich verbessern lässt, ihn dann perfektionieren mit Blick auf das, was die Kunden dazu sagen, oder lieber so lange im Labor bleiben, bis alles perfekt scheint – aber niemand mehr das Produkt kaufen will?

Deutschland muss sich auf den Weg machen, die Mentalität einer Softwareschmiede anzunehmen, die permanent weiterentwickelt, aber auch schnell Neues auf den Markt bringen kann. Die Codes austauschen, in Netzwerken denken und völlig unverhofft Funken der Kreativität schlagen lassen kann, wo es zuvor im Zweifel noch gar keinen Markt und fruchtbaren Boden gab.

Auf diesem Weg kann dieses Buch seinen Beitrag leisten – So Sie, liebe Leserinnen und Leser, die zahlreichen Impulse für eine Reflexion aufnehmen.

Carsten Knop
Herausgeber Frankfurter Allgemeine Zeitung

Inhaltsverzeichnis

Prolog I

1

Warum dieses Buch? Ursprünglich wollte ich an dieser Stelle schreiben, dass wir Deutschen keine Innovationsweltmeister mehr sind und dass das für viele Unternehmen ein Spiel mit der eigenen Zukunft sein kann. Doch das lasse ich. Das ahnen oder wissen Sie, liebe Leserinnen und Leser[1], bereits. Wenn nicht, dann schauen Sie im Web einfach nach dem aktuellen Innovationsindikator unter der Herausgeberschaft des Bundesverbandes der Deutschen Industrie (BDI).

Wenn ich von Innovation als Leidenschaft spreche, dann möchte ich nicht mit Angstszenarien arbeiten. Lassen Sie uns auf das Positive schauen. Innovation ist etwas Schönes und Unternehmen innovieren doch nicht aus dem Druck, weil sie sonst den Bach heruntergehen. Nahezu alle großen Innovationen der Vergangenheit hatten zumindest nicht das im Blick. Es geht um Kundennutzen, brillante und auch weniger brillante Köpfe, die geplant oder zufällig Entdeckungen oder Erfindungen machen, die dann einen Markt finden und damit zur Innovation werden.

Es geht um die Rahmenbedingungen, die das ermöglichen.

Ist das Glas halb leer oder halb voll? Es entspricht meinem Naturell, dass ich mich lieber über das freue, was noch zum Trinken da ist, mich damit stärke und zusehe, dass das Glas bald wieder ganz voll ist. Diese Perspektive hilft auch, in den Unternehmen die Herausforderungen aus Digitalisierung, Dynamik der VUCA-Welt[2], Demografie und zunehmender Demokratisierung der unternehmerischen Entscheidungsprozesse nicht als Gefahr, wohl aber als Chance zu sehen

---

[1] Dieses Büchlein unterscheidet die Geschlechter nur in der direkten Anrede der Leserschaft. In allen anderen Fällen wird aus Gründen der besseren Lesbarkeit das generische Maskulinum verwendet – Alle Geschlechter natürlich gleich wertschätzend.

[2] VUCA ist ein Akronym, welches sich aus Volatility, Uncertainty, Complexity sowie Ambiguity speist.

© Der/die Autor(en), exklusiv lizenziert durch Springer Fachmedien
Wiesbaden GmbH, ein Teil von Springer Nature 2021
F. Weber, *Innovation aus Leidenschaft*, essentials,
https://doi.org/10.1007/978-3-658-35507-4_1

und diese dann mit passenden Lösungen (Produkt- und Prozessinnovationen) zu realisieren.

Nicht die mangelnde Rechnerleistung bremst den Fortschritt. Das Fehlen von menschlicher Vorstellungskraft und auch Umsetzungs- bzw. Veränderungswillen verhindern maßgeblich den Fortschritt. Es sind die mentalen Fesseln, die uns stärker binden als die faktischen technologischen.

Lassen Sie uns gemeinsam darauf schauen, was es im Unternehmen braucht, damit dieser wunderbare Prozess der unternehmerischen Schöpfung laufen kann – systematisch, professionell und vor allem auch mit Leidenschaft.

Prolog II

Und da haben wir dieses Wort: Leidenschaft.

Ein befreundeter Berater riet mir in der Planungsphase dieses Buches davon ab, es „Innovation aus Leidenschaft" zu nennen. Innovation sei gut, aber wir Deutschen könnten mit Leidenschaft nichts anfangen. Ich solle besser rationaler argumentieren und, passend zur Grundaussage meines anderen Buches „Robuste Unternehmen" (2017), mit dem Begriff des Erfolgsfaktors arbeiten.

Ist Leidenschaft überhaupt ein gutes Wort? Ein Wort, welches positive Assoziationen auslöst, oder tun wir uns tatsächlich schwer mit der Leidenschaft?

In anderen Ländern sieht man es entspannter. Neulich sagte mir ein niederländischer Unternehmer *„I have built up my company with great commitment and passion. With a mission we pursue with great passion for our clients."* Dabei glänzten seine Augen und ich konnte sie sehen, diese Passion.

Und wir? In unserem Sprachkreis erinnern wir uns schnell der griechischen und lateinischen Wurzeln dieses Wortes: leiden, durchstehen und erdulden. Wir denken vielleicht sogar an den Leidensweg Jesu Christi, der in den Evangelien als Passionsgeschichte beschrieben wird.

Auch kulturgeschichtliche Wurzeln prägen unser Verständnis bis heute. So beschrieb das Damen Conversations Lexikon noch 1836 [1] die Leidenschaft als ein geistiges Fieber. Als eine moralische Krankheit, in der das unserer Bestimmung zukommende Gleichgewicht der Seelenkräfte gestört ist. Im weiteren Verlauf wird schön deutlich, worum es damals wirklich zu gehen schien. Es wird dann von der schmalen Grenze zwischen Tugend und Leidenschaft gesprochen. Ein „...*Seelenzustand, worin die geistige Freithätigkeit gehemmt wird, ist des Menschen unwürdig, wie es seine Pflicht ist, bei jeder Handlung seine Gesammtverhältnisse zu Gott, ... zur Gesellschaft, ... zu achten, ...*".

© Der/die Autor(en), exklusiv lizenziert durch Springer Fachmedien
Wiesbaden GmbH, ein Teil von Springer Nature 2021
F. Weber, *Innovation aus Leidenschaft,* essentials,
https://doi.org/10.1007/978-3-658-35507-4_2

Liegt dahinter ggf. die Annahme, dass ein tugendhaftes Volk, welches den eigenen Gedanken und Gefühlen nur begrenzt nachgeht und sich unterordnet, das Fortbestehen der Obrigkeit garantiert und diese infolgedessen die Leidenschaft eher als Bedrohung gesehen und daher verteufelt hat? Leidenschaft beißt sich in dieser Lesart mit der Aufrechterhaltung des Status quo. Sie wird damit zur Gefahr, die eingedämmt werden muss, befördert sie doch regelmäßig die Abkehr vom Status quo über Innovationen. Ist das eventuell immer noch tief in unserer kulturellen DNA verankert und verhindert damit Veränderung und Fortschritt?

Einen deutlichen Gegenentwurf hierzu finden wir bei Friedrich Nietzsche. Mit seiner Gegnerschaft zu Christentum und Moral ist er sicherlich einer der umstrittensten Philosophen der Weltgeschichte, der zudem leider auch fehlinterpretiert wurde, vor allem in den Zeiten des Nationalsozialismus. Wenn man sich aber auf ihn einlässt, fasziniert seine radikale Art zu denken bis heute, inspiriert und schenkt uns Erkenntnisgewinn.

Nietzsches Wirken lag in der sich dynamisch entwickelnden Gründerzeit. Einer Zeit, in der durch die fortschreitende Industrialisierung angestoßene wirtschaftliche und gesellschaftliche Umbrüche der Erkenntnisdrang und Rationalisierung enorme Produktivkräfte freisetzten. Wie der Zufall es will, vergleichbar mit Entwicklungen der heutigen Zeit.

Nietzsche betrachtete die damaligen Entwicklungen kritisch: Vernunft verkümmerte für ihn von einer Produktivkraft zu einem Kontrollorgan, die Rationalität zu einem Disziplinierungsmittel und die Wahrheitsliebe zu einem moralischen Zwangsgebot. In seinen Augen wurden die Motoren des Fortschritts zu Fesseln und hohe Werte zum kleinmütigen Korsett. So kam Nietzsche zu einer Umwertung der Werte. Er wurde zum Denker der Leidenschaft und der Grenzüberschreitung – oder wie er es nannte: des Dionysischen. Es galt sich zu befreien von den Zwängen der Vernunft, die nur kontrolliert, und einer Moral, die nicht mehr antreibt, sondern zensiert.

Nietzsche versteht die Welt als ein ästhetisches Phänomen. Bei seinen Gedanken ist das Schöne daher ein zentraler Begriff – nicht im Sinne des Schöngeistigen. Sein Plädoyer für das Schöne ist absolut praktisch zu verstehen und hat ökonomische Relevanz.

Für Nietzsche ist die (künstlerische) Gestaltungsmöglichkeit des Menschen nichts anderes als die Ästhetisierung des Lebens. Schönheit steht bei ihm nicht im Widerspruch zur Ökonomie. Es ist vielmehr deren höchster Zweck. Denn erst im Schönen finden die Bedürfnisse ihre Befriedigung und jede wirtschaftliche Handlung ihren bleibenden Sinn.

Hier bietet Nietzsche einen Gegenentwurf zum kurzfristig angelegten Profitdenken. Das Rohmodell eines Unternehmers im Sinne Friedrich Nietzsches ist das eines Künstlers, der die Welt tatkräftig gestaltet und sich dabei selbst überwindet. Auf diese Weise resultiert für Nietzsche die Selbstüberwindung des Menschen aus der Leidenschaft des Lebens.

In seiner Aphorismen-Sammlung „Morgenröte" (1930) definiert Nietzsche „Die neue Leidenschaft" als einen starken Trieb zur Erkenntnis mit einer reizvollen Unruhe des Entdeckens und Erratens, die nichts mehr fürchtet als ihr eigenes Erlöschen. Der für Nietzsche so wichtige Begriff der „Überwindung" bedeutet, Rückschlägen und Niederlagen zu widerstreben und im Kampf mit diesen zu siegen.

Wenn man aber als Unternehmer der Niederlage widerstrebt, bedeutet das, dass man die Niederlage als nützlichen Wert des Lebens interpretieren, und somit die Niederlage als Stimulanz für den Drang nach Fortschritt bejahen kann; sowie, dass man einen Willen hat, sein eigenes Dasein erfolgreicher zu gestalten. Heute würde man von einer Toleranz gegenüber Fehlern und Unsicherheiten sprechen.

Der gestaltende Unternehmer im Sinne Friedrich Nietzsches ist einer, der mit Leidenschaft innoviert und dabei Niederlagen und Rückschläge kennt und aus ihnen die Energie für die Weiterentwicklung nimmt. Viele, die sich mit Innovationsprozessen auskennen, werden sich hierin wiederfinden.

So passt es für mich sehr gut:

Innovation aus Leidenschaft
So gestalten Unternehmen kraftvoll eine passende Innovationskultur

Innovationskultur 3

Über Innovationen zu sprechen ist wieder modern. Angesichts von Digitalisierung und auch Start-ups mit möglicherweise disruptiven Produkten und Prozessen erheben immer mehr Manager und auch Politiker die Forderung nach mehr Innovationen. Diese scheinen Garant für Wettbewerbsfähigkeit und Wachstum zu sein. Natürlich gehört der Ausweis der eigenen Innovativität längst zum kleinen Branding-Einmaleins der modernen Managerkaste. Freilich, ohne gleichzeitig den Nachweis anzutreten, ob sie selber das Neue wirklich fördern. Ermöglichen sie in ihren Unternehmen echte Innovationen oder tun sie nur so und inflationieren die Sprache darüber?

Was ist das eigentlich, die Innovation? Meine Studierenden an der Hochschule Fresenius, die sich jedes Wintersemester mit mir gemeinsam mit den Fragen eines erfolgreichen Change- und Innovationsmanagements beschäftigen dürfen, lernen sehr früh in der Vorlesung:

> „Zur Innovation wird eine Erfindung oder Entdeckung, die sich als nützlich erweist, die in der Praxis umgesetzt wird und die von der Gesellschaft oder einer maßgeblichen Gruppe der Gesellschaft als wertvoll und wünschenswert angesehen wird."

Das Neue alleine reicht nicht. Es geht um Praxisrelevanz und vor allem um nachfragewirksame Akzeptanz. Und damit geht es um Menschen – zunächst um die innerhalb der Unternehmensgrenzen und dann um die, die sich außerhalb des Unternehmens befinden, die Kunden. Letztere Gruppe überlasse ich den Kolleginnen und Kollegen, die sich mit dem weiten Feld des Marketings beschäftigen.

F. Weber, *Innovation aus Leidenschaft*, essentials, https://doi.org/10.1007/978-3-658-35507-4_3

In diesem Büchlein geht es um die Mitarbeiter und Führungskräfte, deren
Arbeit das Neue hervorbringen soll. Natürlich gibt es eine Vielzahl von Barrie-
ren, die diesen schöpferischen Prozess behindern oder zuweilen ganz unterbinden.
Viele von diesen sind beim genauen Hinsehen relativ leicht überwindbar – wenn
man es nur möchte bzw. mental kann.

In der erst nach seinem Tod veröffentlichten Gedankensammlung „Lachs im
Zweifel" (2005) beschreibt Douglas Adams[1] einige Gedanken, wie wir auf Technologien reagieren. Nach Adams nehmen wir alles, was vor unserer Geburt an
Technik da ist, als gegeben hin. Alles, was zwischen unserem 15. und 35. Lebens-
jahr auftaucht, wird als ungemein spannend empfunden. Aber alles, was danach
auftaucht, wird als störend für die natürliche Ordnung der Dinge gesehen. Es ist
schlichtweg des Teufels und wird entsprechend verdammt.

Die Frage nach dem Alter von den Personen, die in den Unternehmen die
Innovationsprozesse maßgeblich verantworten, erklären wir an dieser Stelle zu
einer rhetorischen Frage und denken uns unseren Teil.

3.1   Die zentrale Frage...

Wir sollten das Aperçu von Adams lieber in die zentrale Frage überführen: „Wie
ist eigentlich unsere Haltung zum Neuen?". Hilfsweise lassen wir uns bei der
Beantwortung von weiteren Fragen unterstützen: Ist neu immer besser als alt? Was
hat sich bei uns wirklich bewährt? Auch unter veränderten Rahmenbedingungen?
Was war einmal gut, ist heute noch beliebt, taugt aber beim genauen Hinsehen
nicht mehr? Was ist das Neue und was daran ist gut? Was wird sich verändern,
wenn das Neue erreicht wird? Was wird implizit besser oder schlechter?

Eine gründliche rationale aber auch emotionale Beschäftigung mit Fragen wie
diesen bewahrt vor irrlichternden Entwicklungen von Pseudo-Innovationen. Bei
Diskussionen zum Thema Innovation fällt auf, dass vieles, was als Neuigkeit
angepriesen wird, alter Wein in neuen Schläuchen ist. Eine gründliche Beschäftigung entlarvt so manche Kopie oder Neusortierung von Bestehendem, garniert
mit viel buntem Marketing-Feuerwerk.

Also ist die Aufforderung, sich damit zu beschäftigen, wie die Einstellung
zum Neuen ist, eine Beschäftigung, die jeden in der Organisation herausfordern
sollte. Ein unternehmensweiter Prozess, vom Spitzen-Manager bis zum Lehrling.
Zugleich ist die Beantwortung dieser Frage in eine für das gesamte Unternehmen

---

[1] Bekannt geworden als Autor von „Per Anhalter durch die Galaxis". Mit 42 als Antwort auf
die Frage „nach dem Leben, dem Universum und dem ganzen Rest".

gültige Haltung zu überführen. Als unternehmensweit bekannte, geglaubte und relevante Antwort auf die zentrale Kulturfrage von Innovationen.

3.2   …und ihre Antwort definiert die Innovationskultur

Ebenfalls recht früh im Semester definiere ich mit meinen Studierenden, dass die gelebte Unternehmenskultur jene(s) angesammelte Wissen, Denken, Empfindungen und Wahrnehmungen sowie Werte repräsentiert, die das Arbeiten in einem Unternehmen bestimmen. Die Summe aller Selbstverständlichkeiten also. In unserem Fall, die Summe aller Selbstverständlichkeiten, wie im Unternehmen über die Erneuerung gedacht wird und mit diesen umgegangen wird.

So, wie immer eine Unternehmenskultur vorhanden ist, so ist auch immer eine Innovationskultur vorhanden. Wichtig aber: Es geht hierbei nicht um eine schlechte oder eine gute Kultur. Es geht allein um die Frage, ob sich die vorhandene Innovationskultur als sinnvoll und zielführend erweist, betriebliche Erneuerungsprozesse zu unterstützen. Diese Beschäftigung mit der Haltung eines Unternehmens zum Neuen – definiert als zentrale Frage der Innovationskultur – findet aber in einem schwierigen Umfeld statt.

Deutschland ist eine Wohlstandsgesellschaft. Wir haben viel zu verlieren und infolgedessen ist unsere Bereitschaft, Risiken einzugehen, eher gering ausgeprägt. Wir sind satt und wollen wenig wagen. Vielen reicht es, den erreichten Zustand zu erhalten. Darauf ist nahezu alles Denken und Handeln konzentriert. Spiegelbildlich verhält es sich mit den Unternehmen – vor allem, wenn sie bislang erfolgreich waren.

Es sind genau diese, die sich mit Innovationen und der Umsetzung der daraus folgenden Veränderungen sehr schwer tun. Dieser Gedanke wurde inspiriert von den Arbeiten des in 2010 gestorbenen indisch-amerikanischen Wirtschaftswissenschaftlers C.K. Prahalad (2010).

3.3   Bisheriger Erfolg verhindert Innovationen – Die Innovator's Trap

Je erfolgreicher ein Unternehmen ist, desto schwieriger wird es für die Führungskräfte zu erkennen, wann sich eine Organisation verändern muss, wann bestehende Produkte, Dienstleistungen oder Prozesse von neuen abgelöst werden müssen. Die Frage, warum es so schwer für Manager ist, dass offensichtlich Notwendige zu tun, beantwortet Prahalad damit, dass die Unternehmen bestimmte

Ideologien entwickelt haben. Diese Doktrinen setzen sich aus bestimmten Vor-
stellungen zusammen, wie sich das Unternehmen womit am Markt bewegt,
Organisationsstrukturen gestaltet und in welchen Themen es die Zukunft sieht.
Er schreibt in einem Artikel im Harvard Business Manager (2010) von der
dominanten Logik einer Organisation, die sogar nicht ausgesprochen oder nie-
dergeschrieben sein muss. Es ist ganz einfach die Art und Weise, wie man die
Dinge in einem Unternehmen tut; die Kultur eben.

Anknüpfend an die Gedanken zuvor: Diese Selbstverständlichkeiten, die zuvor
den Erfolg brachten, verwandeln sich dann in scheinbar unumstößliche Wahrhei-
ten, die von niemandem mehr hinterfragt werden. Deren Hinterfragen sogar für
die individuelle Karriere schädlich sein kann. Denn selten sind die gut gelitten,
die (vermeintliche) Erfolgsregeln infrage stellen. Man konzentriert sich nahezu
ausschließlich darauf, die Ernte auf den bestehenden Feldern einzufahren (Exploitation), anstatt Exploration zu betreiben und neue Felder zu bestellen. Neugierig
und unerschrocken neue Quellen für weiteres Wachstum zu erschließen. Diesen „Struggle between Exploration and Exploitation" beschrieb Professor James
March (1991) von der Stanford University bereits Anfang der 90er Jahre.

Eine solche Unternehmenskultur verhindert die Weiterentwicklung dieser
Unternehmen und fördert den Niedergang vormals stolzer und erfolgreicher
Flaggschiffe ihrer Branche. Ich bezeichne das als „Innovator's Trap". Die Falle,
in die Unternehmen laufen, wenn die Fesseln aus Sicherheitsdenken, Doktrinen
und der Kontrolle dieser immer tiefer schnüren und dann den Atem nehmen, um
zu innovieren. Dass das unter den in Prolog I beschriebenen Rahmenbedingungen[2], die unser heutiges Wirtschaften prägen, brandgefährlich ist, versteht sich
eigentlich von alleine.

Wenn ich obige Gedanken in Vorträgen formuliere, schaue ich in zustimmende
Gesichter. Spricht man im Nachgang mit den Zuhörern, dann höre ich oft dieses:
„Sie haben ja so Recht in dem was Sie sagen. ABER bei uns…". Beschrieben
wird mir dann ein Bild von zementierten und scheinbar unauflösbaren Strukturen,
von Kulturen, die keine Innovation und keinen Wandel zulassen.

3.4   Kulturen sind solide Gebilde

Was ist es, dieses „Aber", welches den Kulturwandel so schwer und in manchen
Unternehmen auch unmöglich werden lässt? Eine wichtige Antwort findet sich im
eigentlichen Prozess, mit dem sich die Entstehung von Kulturen erklären lässt.

---

[2] VUCA-Welt etc.

Woran erkennen wir die gelebte Kultur eines Unternehmens? An den Handlungen und den Arbeitsergebnissen der dort tätigen Menschen. Um den weiteren Prozess zu verdeutlichen, nehmen wir das Bild eines Eisbergs, bei dem bekanntermaßen nur ein kleiner Teil des gesamten Gebildes sichtbar oberhalb der Wasseroberfläche ist (Abb. 3.1).

Dort finden wir die Ergebnisse und die sie auslösenden Handlungen. Das alles lässt sich sehr gut beobachten und messen. Unterhalb der Wasseroberfläche jedoch schlummert die eigentliche Kraft und Energie, die es zu nutzen gilt, wenn wir die Handlungen der Mitarbeiter verändern wollen. Denn die Menschen handeln auf der Basis ihrer Einstellungen und Gewohnheiten. Diese Haltungen entstehen im Zeitablauf über die Summe aller gemachten Erfahrungen.

Als Kinder erfahren wir die Kraft von Ausreden und erinnern uns an deren Wirksamkeit quasi automatisch, wenn wir z. B. später als Vertriebsleiter mit dem Geschäftsführer über die negativen Planabweichungen im letzten Quartal sprechen und uns rechtfertigen müssen. So wie damals die anderen schuld waren, so wird es heute auch noch sein. Bis zu dem Moment, in dem die neue Erfahrung („Schluss mit den Ausreden, ich will Lösungen") an die Stelle der alten tritt. Nachhaltig verändertes Handeln beginnt mit neuen Erfahrungen und deren Reflexion. Diese führt dazu, dass sich Menschen ihrer unbewussten Treiber, die das Handeln bestimmen, bewusst werden.

Diese kulturbildende Mechanik gilt neben der Unternehmenskultur auch für die Teilkulturen, wie in unserem Fall die Innovationskultur. Mit diesem Eisbergmodell lässt sich dann auch schön erklären, wie es zu obiger „Innovator's Trap" kommen kann. Mitarbeiter machen häufig genug die Erfahrung, dass es nicht gut ist, an den bisherigen Erfolgs-Doktrinen zu rütteln und sie infrage zu stellen. Dann werden diese Regeln immer weiter zementiert, obwohl unser rationales Verständnis sie als längst überfällig deklariert hat.

3.5 Kulturwandel ist machbar – Die KulTour beginnt im Kopf

Die Ursachen dafür liegen in unseren Gehirnen. Bei Lernprozessen[3] werden neuronale Verschaltungsmuster aufgebaut und gefestigt. Je stärker das Gehirn Neues an bereits Vorhandenes knüpfen kann, desto leichter gelingt es ihm, sich etwas zu

---

[3] Change Prozesse sind wie das Sammeln von Erfahrungen per se Lernprozesse.

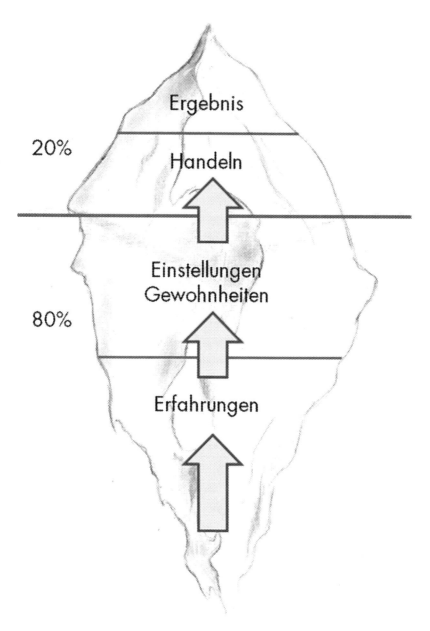

Abb. 3.1 Eisbergmodell. (Eigene Darstellung in Anlehnung an Roger Conners und Tom Smith)

merken. Populärwissenschaftlich ausgedrückt, werden mit der Zeit unsere Einstellungen und Haltungen quasi im Gehirn als Muster abgespeichert und dann auch noch mit Gefühlen versehen, was die Muster zusätzlich verstärkt.

- Der Vorteil? Der Mensch ist in seinen Einstellungen und Haltungen sehr stabil und damit verlässlich.
- Der Nachteil? Haben sich Gewohnheiten rational gesehen als obsolet erwiesen und wurden aber noch nicht ausreichend viele neue bestätigende Erfahrungen gemacht und neuronal verankert, so tut sich der Mensch mit einem veränderten Verhalten sehr schwer.

Die gute Nachricht ist, dass sich unser Gehirn ständig verändert. Die Fähigkeit, sich immer wieder neu zu strukturieren, begleitet uns ein Leben lang. So wir in der Lage sind, entsprechende neue Erfahrungen zu sammeln.

Alle im Unternehmen machen täglich „neue" Erfahrungen, die sich auf die Einstellung auswirken und das Handeln prägen. Das ist keine Gehirnwäsche, sondern die Einbindung aller Beteiligten in die Unternehmensentwicklung mit dem jeweiligen Beitrag hierzu. Dazu gehört nicht mehr als ein gemeinsames Verständnis über Ziele sowie Aufgaben, die nicht an Berufsbilder, sondern an zielorientierte Ergebnisse geknüpft sind und Führungskräfte, die ihren Mitarbeitern diese Aufgaben wertschätzend als Beitrag zum Gesamtergebnis erklären. Entsprechende Werkzeuge liefert die Beratungspraxis.

Wenn man sich diese Aussagen und das Eisbergmodell vor Augen führt, so legt man den Gedanken beiseite, dass man Unternehmenskulturen schnell aktiv und unmittelbar gestalten kann. Unternehmenskulturen – verstanden als die Summe aller Selbstverständlichkeiten in einer Organisation – sind immer das Ergebnis der Summe aller Erfahrungen, die die Mitarbeiter über eine längere Zeit gemacht haben. Will man also eine Kultur ändern, so müssen die Führungskräfte es ihren Mitarbeitern ermöglichen, neue Erfahrungen zu sammeln, die dann in einer neuen Haltung münden. Läuft dieser Prozess unternehmensweit und machen ganz viele Menschen gleichartige Erfahrungen, so findet über die Summe aller veränderten individuellen Einstellungen ein Kulturwandel statt.

An einem Beispiel dargestellt: Bisher zeichnet sich die Kultur eines Unternehmens dadurch aus, dass Herrschaftswissen, Silodenken und der Spruch „Wissen ist Macht" an der Tagesordnung sind. So ist die gelebte Kultur auf der Basis der bisher gewonnenen Erfahrungen entstanden. Möchte ich nun als Spitzen-Manager dieses Unternehmens, dass Offenheit und Transparenz als neue Kulturmerkmale vorhanden sind und diese an die Stelle der bisherigen treten, so bringt es nichts,

dieses in Townhall-Meetings in blumigen Ansprachen herbeizureden. Führungskräfte und Mitarbeiter müssen die entsprechenden Erfahrungen machen, dass sich
die neuen Kulturmerkmale lohnen und die alten fortan nicht mehr zum Ziel
führen. Machen sie diese Erfahrungen vielfach[4], entstehen – dank der Anpas-
sungsfähigkeit unseres Gehirns – neue neuronale Verknüpfungen und die Kultur
wandelt sich. Hier bewahrheitet sich der gute alte Volksmund, der bereits wusste,
dass man aus Erfahrungen klug wird.

Gleiches gilt dann auch für die in 3.1 formulierte zentrale Frage nach der
Haltung aller in einem Unternehmen tätigen Menschen zum Neuen. Ist diese
eher negativ oder skeptisch und nicht offen und bejahend, so liegt das daran,
dass die Mitarbeiter entsprechende Erfahrungen gemacht haben und niemand bislang einen gedanklichen Prozess im Unternehmen initiiert hat, dass es auch exakt
andersherum sein könnte.

Das häufig zitierte Bild von Führungskräften als Vorbilder ist mir zu passiv und
damit zu schwach. Im obigen Sinne sind sie Ermöglicher von neuen Erfahrungen.
Wie diese aktive Rolle im Detail aussehen kann, wird in Kap. 4 näher beschrieben.
Hier aber schon so viel: Wer ermöglicht, muss auch ein Verständnis davon haben,
wie mit Fehlern umzugehen ist.

3.6   Vom Unsinn der Fehlerkultur

Es wird Sie, liebe Leserinnen und Leser, möglicherweise verwundern, warum ich
die Fehlerkultur als Unsinn bezeichne. Wo doch ganze Heerscharen von Beratern
und Coaches das hohe Lied von ihr singen. Ja, Fehler gehören zum Leben und
damit auch zur Arbeit. Gleichwohl sollten wir den Anspruch haben, davon nicht
zu viele zu machen und Fehler vor allem nicht zu kultivieren.

Damit will ich nicht den vielfach noch vorhandenen Glaubenssatz bedienen,
dass Fehler böse sind. Ich möchte auch nicht einer Unternehmenskultur das Wort
reden, in der Fehler verpönt und Misserfolge sowie Scheitern scharf verurteilt
und abgestraft werden. Ich bin verliebt ins Gelingen und spreche aus diesem
Grunde lieber von einer Gelingens- statt von einer Fehlerkultur. Eine Kultur, die
erkennt, dass eine Null-Fehlertoleranz nicht nur lähmend ist, sondern auch jeglichem Fortschritt im Wege steht. Eine Kultur, die aber auch nicht alle Fehler
über einen Kamm schert und stattdessen nach der Art der Fehler differenziert und

---

[4] Und werden zugleich frühere Erfahrungen nicht wieder durch rückfälliges Verhalten
bestätigt.

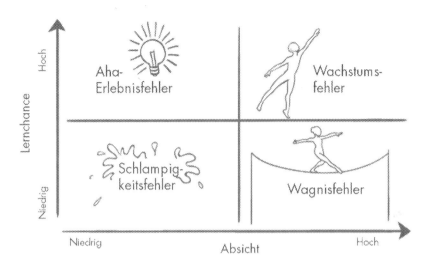

Abb. 3.2 Arten von Fehlern. (Eigene Darstellung nach www.mindsetworks.com [2])

unterschiedlich mit ihnen umgeht. Nicht alle Fehler bieten eine Chance bei den eigentlichen Sachaufgaben zu lernen.

So sollten wir unterscheiden, ob der Fehler das Ergebnis einer absichtlichen Handlung war oder unabsichtlich geschah. Auch sollten wir schauen, ob uns der Fehler im Sinne der Sacharbeit eine Chance bietet zu lernen oder eher nicht (Abb. 3.2).

Reine „Schlampigkeitsfehler" passieren immer dann, wenn wir etwas tun und dabei eigentlich wissen wie es funktioniert. Unkonzentriert oder nachlässig gehen wir an die Arbeit und schon ist der schlampige Fehler geschehen. Was ist dann zu tun? Nichts unter den Tisch kehren und so schnell es geht, den Fehler beheben. Bieten diese Schlampigkeitsfehler eine Lernchance? In der reinen Sacharbeit nicht. So man es noch nicht vorher wusste, dann lernt man aber spätestens jetzt, dass es für bestimmte Arbeiten besser ist ausgeschlafen zu sein oder Ablenkungen fernzuhalten. Eigentlich Selbstverständlichkeiten, die uns zudem im Tagesgeschäft nicht weiterhelfen.

Ähnlich geringe Lernchancen bieten uns die „Wagnisfehler". Manchmal muss man etwas wagen. In dem Moment gehen wir Risiken ein und laufen Gefahr, dass es schiefgehen kann. Nehmen wir beispielsweise ein Sportteam, welches jahrelang trainiert und hart gearbeitet hat, um besser zu werden. Die Teilnahme an einem Meisterschaftsfinale ist dann ein Ereignis mit hohem Einsatz. Oder nehmen wir ein kleineres und noch junges Unternehmen, welches in einer Ausschreibung gegen eine etablierte Marktgröße antritt. Alle geben ihr Bestes aber es reicht nicht. Es ist vollkommen in Ordnung, diese Situationen als Leistungs- und nicht als Lernereignisse zu sehen, wissend, dass es schief gehen kann und die anderen eben besser waren. Eine Analyse des eigenen Scheiterns ist weitgehend zwecklos. Man hat das Beste gegeben und es hat nicht gereicht – vielleicht aber beim nächsten Mal.

Höhere Lernchancen in der Sacharbeit bieten uns die „Aha-Erlebnisfehler", die in geringer Absicht geschehen. Das Leben beschert uns immer wieder diese Aha-Momente. Das sind Lernchancen, die dann entstehen, wenn wir etwas erreichen, was wir uns vorgenommen haben, dann aber feststellen, dass es ein Fehler war, dies zu tun, weil uns eine Erkenntnis gefehlt hat, die jetzt offensichtlich wird. An einem klassischen Beispiel: Der Pfadfinder, der eine am Straßenrand stehende Oma unterhakt und zur anderen Straßenseite bringt, obwohl sie eigentlich am alten Standort auf den Bus gewartet hat. Im Unternehmensalltag passieren solche Fehler, wenn Ziele zwar SMART[5] definiert werden, aber zugleich vergessen wird, bei der Zieldefinition darauf zu schauen, was sich möglicherweise verschlechtert, wenn das Ziel erreicht wird. Welchen Einfluss hat die Zielerreichung auf Themen außerhalb der Zielsystematik? Stellen wir uns diese Frage nicht bei der Zieldefinition, laufen wir Gefahr, die Antwort *nach* Erreichung des Ziels als „Aha-Erlebnisfehler" geschenkt zu bekommen. Ein positiver Fehler, mit geringer Absicht, aber mit durchaus beträchtlichen Lernchancen.

Letztere bieten uns auch die „Wachstumsfehler". Sie passieren, wenn wir daran arbeiten, unsere Fähigkeiten und Kompetenzen zu erweitern. Wenn wir uns in einer Veränderungssituation befinden oder etwas Neues erarbeiten wollen. Diese Art von Fehler hat größte Bedeutung für Innovationsprozesse. Hier versuchen wir etwas zu tun, was über das hinausgeht, was wir bereits beherrschen. Wir wachsen in diesen Prozessen und müssen so zwangsläufig auch Fehler einkalkulieren. Wachstumsfehler sind absolut positiv. Wenn wir sie partout vermeiden würden, würde das bedeuten, dass wir uns nie wirklich herausgefordert haben, neues Wissen oder neue Fähigkeiten zu erlernen. Das würde bedeuten, dass wir in der Komfortzone sitzend, den Stillstand der Weiterentwicklung vorziehen.

---

[5] Auf Führungsseminaren bringen viele Trainer den Teilnehmern bei, dass Ziele SMART formuliert sein müssen, denn nur dann schaffen sie die Grundlage für ihren Führungserfolg. Die Buchstaben stehen für: „spezifisch, messbar, akzeptiert, realistisch und terminiert". Wir bei weber.advisory glauben, dass das zu kurz springt und stellen immer noch die Frage: Was ändert sich sonst noch, wenn ich mein Ziel erreicht habe?

Wachstumsfehler zu sanktionieren ist typisch für Unternehmen, die sich in der in Abschn. 3.3 beschriebenen Innovator's Trap befinden.

Zusammenfassend: Fehler sind nicht alle gleich und wir sollten versuchen, sie zu vermeiden, doch manche bieten die Chance, aus ihnen in der Sacharbeit zu lernen. Das allerdings setzt voraus, zu erkennen, welche Art von Fehler gemacht wurde. Die in Abschn. 3.1 formulierte zentrale Frage nach der Haltung zum Neuen beinhaltet die Teilfrage, ob wir es auch aushalten, einen Fehler gemacht zu haben.

Und so sind wir wieder bei dem Titel dieses Büchleins „Innovation aus Leidenschaft", und ganz automatisch auch wieder bei Nietzsche. Im zweiten Prolog beschrieb ich den gestaltenden Unternehmer im Sinne Friedrich Nietzsche als jemanden, der mit Leidenschaft innoviert und dabei Niederlagen und Rückschläge kennt und aus ihnen die Energie für die Weiterentwicklung nimmt. Dieser Unternehmer handelt auf der Basis einer Gelingenskultur und verfügt über eine große Toleranz gegenüber Fehlern und Unsicherheiten.

Ich habe in diesem Büchlein den Umgang mit Fehlern prominenter behandelt, weil insbesondere in Bezug auf die Wachstumsfehler viele Chancen vergeben werden. Eine Gelingenskultur und den darin beschriebenen Umgang mit Fehlern alleine wird aus einem Unternehmen aber noch keinen Innovations-Champion machen.

3.7   Merkmale einer Innovationskultur

Für diesen braucht es eine speziell auf die Belange des jeweiligen Unternehmens ausgerichtete Innovationskultur – mit den Attributen, die es jeweils ermöglichen, Innovationsprozesse erfolgreich durchzuführen. Das ist dann kein Anzug von der Stange, sondern Maßarbeit. Aus diesem Grunde folgt nun auch nicht die übliche Liste von Merkmalen, die Sie unbedingt beachten müssen. Diese Attributsaufzählungen sind so allgemein und auch beliebig, sie passen überall und nirgendwo so richtig. Sie folgen in meinen Augen dem eher oberflächlichen Gedanken eine Kultur ändern zu wollen, indem man ein wenig an den Stellschrauben dreht. Hier ein wenig mehr Offenheit und Neugierde und dafür etwas weniger Hierarchie und schon geht da etwas, bei der neuen Innovationskultur. Die Ausführungen unter 3.3 und 3.4 haben uns gezeigt, dass das so nicht geht.

Wir sollten also Maß nehmen und uns mit den Rahmenbedingungen des jeweiligen Unternehmens beschäftigen. Wenn wir also neue Erfahrungen für einen Kulturwandel ermöglichen wollen, so müssen wir uns irgendworan orientieren. Bei diesem Prozess greife ich gerne auf ein Modell zurück, mit dem wir bei weber.advisory beste Erfahrungen bei der Arbeit an Innovationskulturen und auch in Change Prozessen gemacht haben.

Es handelt sich um das auf der Theorie des Competing Values Framework (CVF) basierende Organizational Culture Assessment Instrument (OCAI) (Cameron/Quinn 2011). Dieses im deutschsprachigen Raum wenig bekannte Modell bietet uns vier entscheidende Vorteile:

- Das OCAI erlaubt es, Kultur grafisch darstell- und damit besprech- und begreifbar zu machen. Was für die weitere Arbeit essentiell ist.
- Das Modell bietet Aussagen über Kulturen, die Innovationen fördern.
- Auf der Grundlage webbasierter Befragungen können wir sichtbar machen, wie die momentane Kultur eines Unternehmens eingeschätzt wird und wie die Zielkultur aussehen soll. Damit ist erkennbar, wie groß oder wie klein der Weg zu einer Innovationskultur noch ist. Was dann wieder die Grundlage für die Erarbeitung von passenden Maßnahmen ist.
- Ebenfalls auf der Grundlage dieser Befragungen lässt sich erheben, was die Mitarbeiter und Führungskräfte dem eigenen Unternehmen als Veränderungspotenzial zutrauen.

Dieses realitiv einfache Modell basiert auf den beiden Dimensionen „interner versus externer Fokus" sowie „Stabilität & Kontrolle versus Flexibilität & Vertrauen". Diese sind vertikal und horizontal angeordnet, woraus sich vier Quadranten ergeben (Abb. 3.3). Diese Dimensionen sind je nach Organisation unterschiedlich stark ausgeprägt.

Die Autoren haben bei ihren empirischen Arbeiten herausgefunden, dass die meisten Organisationen einen dominanten kulturellen Typen haben. Mehr als 80 % der mehreren tausend Organisationen, die sie untersucht haben, wurden durch einen oder mehrere identifizierten Kulturtypen charakterisiert (Abb. 3.4).

Cameron und Quinn definieren den Erfolg eines Unternehmens mit der organisationalen Effektivität. Sie haben untersucht, welche Kriterien in den jeweiligen Kulturen prägend waren, um diese Effektivität zu fördern (Abb. 3.5).

So erweisen sich in Hierarchiekulturen reibungsloses Funktionieren und Vorhersagbarkeit, Effizienz sowie Pünktlichkeit als am wirkungsvollsten. Die vorherrschende Logik zur Erreichung von Erfolg in der Hierarchiekultur ist, dass Kontrolle die Effizienz fördert, in dem sie Verschwendungen und Redundanzen eliminiert. Das mag für eine Finanzbehörde gelten, hier will man keine Flexibilität, sondern eine fehlerfreie Effizienz in der Ausübung von Prozessen.

Anders wieder Unternehmen, die sich durch eine Adhocratie-Kultur auszeichnen. Dort definiert man das Erfolgskriterium organisationaler Effektivität mit

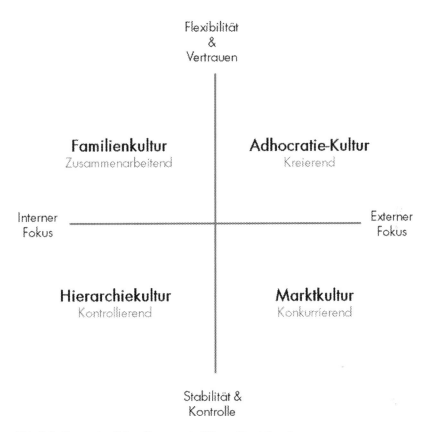

Abb. 3.3 Competing Values Framework. (Eigene Darstellung)

kreativen Problemlösungen, bahnbrechenden Ideen, neuen Produkten oder Dienstleistungen und vor allem Wachstum in neuen Märkten. Die vorherrschende Logik ist hier, dass neue Ideen und neue Möglichkeiten, neue Kunden und Märkte schaffen und damit Innovationen entstehen.

In unserer Beratungspraxis haben wir die Erfahrung gemacht, dass das Gros der Unternehmen tendenziell eher Elemente einer Hierarchiekultur aufweisen, in denen wohldefinierte Prozesse die Arbeit bestimmen. Das Orga- bzw. Prozesshandbuch wird von Jahr zu Jahr dicker und der Grad an Formalisierung nimmt ebenfalls immer weiter zu. In dem Kontext wirken Führungskräfte eher

Familienkultur	Adhocratie-Kultur
Freundlicher Arbeitsort, an dem die Menschen viel teilen. Erweiterte Familie. Anteilnahme und Partizipation. Führungskräfte werden (elterngleich) als Mentoren betrachtet. Zusammenhalt erfolgt durch Tradition, Loyalität und Konsens. Hohe Verbindlichkeit. Betonung des langfristigen Nutzens von Personalentwicklung.	Dynamischer, unternehmerischer und kreativer Arbeitsort. Mitarbeiter gehen Risiken ein und wachsen. Eigeninitiative und Freiheit. Führungskräfte zeigen Risikofreude und agieren als Innovatoren. Zusammenhalt durch Bekenntnis zu Experimenten und Innovation. Technologische Führerschaft und führende Produkte motivieren. Langfristiger Schwerpunkt: Wachstum und Erwerb neuer Ressourcen.
Hierarchiekultur	**Marktkultur**
Formalisierter und strukturierter Arbeitsort. Prozesse bestimmen die Arbeit. Führungskräfte sind Koordinatoren, Organisatoren und Kontrolleure. Vorhersehbarkeit. Effizienz steht im Vordergrund. Aufrechterhaltung einer reibungslos funktionierenden Organisation ist von größter Bedeutung. Zusammenhalt durch formale Regeln, Richtlinien, Stabilität und reibungslose Abläufe.	Ergebnisorientierter Arbeitsort. Hauptaugenmerk liegt auf der Erledigung der Arbeit. Mitarbeiter sind wettbewerbs- und zielorientiert. Führungskräfte sind harte und fordernde Antreiber und Wettbewerber. Zusammenhalt erfolgt durch den Willen des Gewinnens, Reputation und Erfolg im Erreichen von messbaren Zielen und Vorgaben.

Abb. 3.4 Kulturprofile. (Eigene Darstellung)

als Koordinatoren, Organisatoren und vor allem als Kontrolleure und kaum als Ermöglicher neuer Erfahrungen.

Will man also ein Umfeld schaffen, in dem Innovationen besonders gut entstehen können, ist man gut beraten, die Kulturmerkmale von z. B. starker Hierarchieorientierung hinter sich zu lassen und sich in Richtung Adhocratie-Kultur zu entwickeln.

Der Begriff der Adhocratie wurde 1970 erstmals von Alvin Toffler[6] geprägt. Mintzberg[7] bezeichnet sie dann als eine Organisationsform, die im Gegensatz zur Bürokratie steht. Der Name „Adhocratie" leitet sich vom lateinischen Wort „ad hoc" ab, was man mit „aus dem Moment heraus" übersetzen kann. Mintzberg bezeichnet diese Organisationsform als die modernste, da sie flexiblere und schnellere Reaktionsabläufe aufweist und damit das größte Innovationspotenzial

---

[6] US-amerikanischer Futurologe in seinem Bestseller „Future Shock". Er war bekannt für seine Arbeiten zur Digitalen Revolution, der Technologischen Singularität und der Kommunikations-Revolution.

[7] Henry Mintzberg ist ein kanadischer Professor für Betriebswirtschaftslehre und Management [3].

Flexibilität & Vertrauen

Familienkultur

Orientierung: Zusammenarbeitend

Führungs-Typ: Facilitator, Mentor,
Teambuilder

Wertreiber: Engagement,
Kommunikation, Entwicklung

Erfolgslogik: Menschliche Entwicklung
und Beteiligung erzeugen Erfolg

Adhocratie-Kultur

Orientierung: Kreierend

Führungs-Typ: Innovator, Entrepreneur,
Visionär

Wertreiber: Innovative Leistungen,
Transformation, Agilität

Erfolgslogik: Innovativität, Vision, neue
Ressourcen erzeugen Erfolg

Interner Fokus / Externer Fokus

Hierarchiekultur

Orientierung: Kontrollierend

Führungs-Typ: Koordinator,
Kontrolleur, Organisator

Wertreiber: Effizienz, Pünktlichkeit,
Beständigkeit, Gleichförmigkeit

Erfolgslogik: Leistungsfähige Prozesse
und deren Kontrolle erzeugen Erfolg

Marktkultur

Orientierung: Konkurrierend

Führungs-Typ: Antreiber, Wettkämpfer,
Anbieter

Wertreiber: Marktanteile,
Zielerreichung, Profitabilität

Erfolgslogik: Aggressiver Wettbewerb
und Kundenorientierung erzeugen
Erfolg

Stabilität & Kontrolle

Abb. 3.5 Konkurrierenden Werte. (Eigene Darstellung)

bietet. Während in der Bürokratie die Mitarbeiter der Struktur untergeordnet sind, stellt die Adhocratie die Mitarbeiter und ihre Fähigkeiten, Kompetenzen sowie Talente über die Struktur. So ist es selbstverständlich, dass sich beispielsweise für ein Innovationsprojekt verschiedene Experten hierarchie- und bereichsübergreifend in multidisziplinären Teams zusammenschließen und von Anfang an hervorragend ohne Abstimmungs- und Reibungsverluste zusammenarbeiten.

Manche werden sich nun vielleicht fragen, ob die Hierarchiekultur und die damit verbundene Bürokratie denn grundsätzlich schlecht und ein Auslaufmodell sind. In einem stabilen Umfeld hat die Bürokratie vielleicht noch ihren Wert. Doch, wie im Prolog 1 herausgearbeitet, wird Stabilität immer mehr zur Illusion. In einer VUCA-Welt mit all ihrer Volatilität, Unsicherheit, Komplexität und Mehrdeutigkeit wird die Hierarchiekultur perspektivisch zu schlechteren Ergebnissen führen.

Hier ist die Adhocratie-Kultur die richtige Antwort. Und das nicht nur für Startups. Meines Erachtens passt sie hervorragend zu Unternehmen und Organisationen, die in einem sich schnell ändernden Umfeld unterwegs sind. Hier kommt es auf informierte und entschiedene Aktion mehr an, als auf formale Autorität oder Wissen. Es mag nicht jedem gefallen, aber es bringt die notwendige Geschwindigkeit: Entscheidungen werden immer mehr durch Versuch und Irrtum getroffen. Zweifelsohne ist die Nähe zu den agilen Führungs- und Arbeitsmethoden vorhanden.

3.8   Also Adhocratie-Kultur, und wie kommen wir dahin?

Während früher die Unternehmensgröße ein wichtiges Kriterium für die Stärke, Widerstandsfähigkeit und auch Zukunftssicherheit eines Unternehmens war, gilt heute zunehmend, wie schnell und anpassungsfähig ist es. Daher können wir hier festhalten: Eine stärkere Orientierung an den Attributen der Adhocratie-Kultur ermöglicht damit einen fruchtbaren Nährboden für Innovationen. Den grundsätzlichen Prozess des Kulturwandels haben wir in Abschn. 3.5 beschrieben. Demnach ist die aktuell gelebte Kultur auf der Basis der bisher gewonnenen Erfahrungen entstanden. Eine neue Wunschkultur wird also dann entstehen, wenn die Mehrheit der Mitarbeiter neue Erfahrungen macht, die diese Zielkultur bestätigen und Führungskräfte als Ermöglicher agieren und diese Reise hin zur neuen Kultur kontinuierlich begleiten.

Wir bei weber.advisory untergliedern diese KulTour in einen achtstufigen Prozess, der bei der Planung und Umsetzung einer Veränderung der Organisationskultur abgearbeitet werden sollte (Abb. 3.6). Die Aufgabe dieser acht Schritte besteht darin, die Beteiligung der Belegschaft in der Breite zu fördern und den Widerstand[8] der Betroffenen gegen den Kulturwandel aktiv aufzunehmen, damit zu arbeiten und zu minimieren. Weiterhin gilt es für alle Beteiligten zu klären, wie die Attribute der neuen Innovationskultur aussehen sollen und was damit verbunden ist. Zu klären ist aber auch, was auf dieser KulTour unverändert bleiben kann.

---

[8] Widerstand ist per se nicht negativ. Ein Unternehmer oder Manager, beispielsweise inspiriert von Nietzsches Gedanken, entnimmt dem Widerstand Energien für die Weiterentwicklung.

1. Konsens über die Ausprägungen der aktuellen Unternehmenskultur
2. Konsens über die Attribute der zukünftigen Innovationskultur
3. Erörterung und Definition, was die anstehenden Veränderungen bedeuten werden und was nicht
4. Definition eines Maßnahmenplans zur Erreichung der gewünschten Innovationskultur
5. Identifikation von Möglichkeiten schneller Erfolge, aber auch sorgsamer Umgang mit Fehlern
6. Definition der flankierenden Ansprüche an die Führungskräfte und Entwicklung dieser
7. Aufbau eines Monitoring-Systems
8. Definition einer Kommunikationsstrategie nebst flankierender Change Story, die auf dem Konzept des Storytellings aufbaut

Abb. 3.6 In 8 Schritten zur Innovationskultur

Der Prozess sieht weiterhin vor, konkrete Maßnahmen zu definieren, die einzuleiten sind, um eine Dynamik für den Kulturwandel zu schaffen sowie Aktionen zu identifizieren, um Verantwortlichkeiten festzuhalten, um die Führungskräfte wirkungsvoll in zielorientiertes Handeln zu bringen.

Die ersten beiden Schritte umfassen neben einer strukturierten Workshop-Arbeit mit den Führungskräften aller Ebenen auch die Durchführung einer webbasierten Kulturbefragung basierend auf dem Kulturmodell von Cameron und Quinn. Dabei erheben wir die aktuelle Ist-Kultur als Ausgangslage und die gewünschte Innovationskultur als Zielbild. Diese Befragung ist schnell durchführbar und wird mit den Mitarbeitern der jeweiligen Führungsteams durchgeführt. Die Ergebnisse werden in einer Spinnengrafik dargestellt, die die Ausprägungen der Ausgangs- und auch der Zielkultur beschreibt.

Abb. 3.7 zeigt das Ergebnis einer solchen Befragung bei einer größeren Sparkasse. Es beschreibt die Ausgangslage als sehr hierarchisches Unternehmen mit viel Bürokratie und Kontrolle. Angesichts der sich am Markt drastisch ändernden Kundenbedürfnisse und dem Auftauchen neuer – zum Teil branchenfremder – Wettbewerber besteht der Wunsch zu einem deutlichen Kulturwandel mit dem Ziel, das Kreditinstitut zu einem dynamischeren, unternehmerischen und kreativeren Unternehmen zu entwickeln. Einem Unternehmen, bei dem die Mitarbeiter auch im Rahmen verträgliche Risiken eingehen, mehr Eigeninitiative entwickeln und entsprechend bereit sind, persönlich sowie unternehmerisch zu wachsen. Einem Unternehmen, bei dem Führungskräfte als Ermöglicher bereit sind, den Weg der Mitarbeiter zu unterstützen und aktiv zu flankieren sowie als Innovatoren zu agieren.

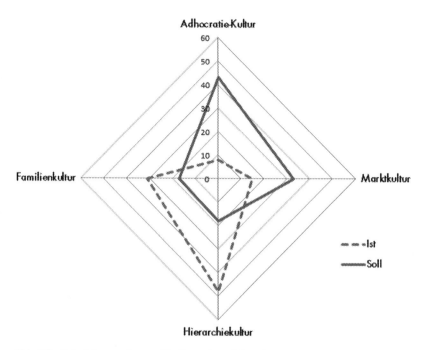

Abb. 3.7 Beispielunternehmen. (Quelle: weber.advisory)

Die Ergebnisse der Workshop-Arbeit auf Ebene der Führungskräfte werden von diesen dann nachfolgend in Team-Workshops auf die Ebene der Mitarbeiter heruntergebrochen (Schritt 3 der Abb. 3.6). Sinnvollerweise werden diese Workshops entweder von entsprechend erfahrenen internen Moderatoren oder aber von externen Beratern begleitet. Wesentlich sind Erfahrungen nicht nur in der Moderation von Workshops, in denen sich vielfach Widerstände bei den Teilnehmern zeigen, die dann konstruktiv aufzulösen sind. Wichtig ist auch, dass die Workshop-Begleiter über Erfahrungen bei Kulturveränderungen verfügen. Die Workshop-Arbeit selber kann sich an den folgenden Fragen orientieren:

• Welche Eigenschaften und Aktivitäten wollen wir verstärken, wenn wir uns in Richtung der Zielkultur bewegen wollen?
• Welche konkreten Normen, Artefakte und Verhaltensweisen sollten unsere neue Kultur bestimmen?
• Was ist uns wirklich wichtig an der Innovationskultur?

- Welche Attribute oder Verhaltensweisen sollten wir reduzieren oder aufgeben, wenn wir die alte Kultur verlassen wollen?
- Was ist das Besondere an der bestehenden Kultur, das wir bewahren wollen bzw. sollten? Warum eigentlich? Wie bringen wir das in die neue Kultur ein?
- Auch wenn wir die bestehende Kultur hinter uns lassen wollen, welche der bestehenden Eigenschaften werden wir beibehalten, weil sie auch in der Innovationskultur funktionieren und diese sogar bestärken?
- Anhand welcher Handlungen werden wir die neue Kultur ganz konkret erkennen?
- Was wird sich verbessern und was wird sich möglicherweise auch verschlechtern?

Da ich den Umfang dieses Buches nicht sprengen möchte, verzichte ich an dieser Stelle auf Ausführungen zu den Schritten 4 und 5. Bei den Regeln zur Aufstellung von Maßnahmenplänen verweise ich auf die eingängige Literatur zum Projekt-Management. Der Umgang mit Fehlern wurde in Abschn. 3.6 beschrieben und die Wirkung von Quick-Wins erklärt sich nahezu von alleine. Mit der Arbeit der Führungskräfte werden wir uns im Kap. 4 beschäftigen. Lassen Sie uns nun in einigen Punkten auf Schritt 7 eingehen, die Notwendigkeit zum Aufbau eines Monitoring-Systems.

„What gets measured gets done"
Es mag auf den ersten Blick nach einem kleinen Widerspruch klingen, wenn gerade der Wandel zu einer Innovationskultur von einem Ruf nach einem Messsystem begleitet wird. Was eher nach der formalisierten und strukturierten Hierarchiekultur oder der Marktkultur klingt, bei der sich der Erfolg durch das Erreichen von messbaren Zielen und Vorgaben definiert.

Aber denken wir an dieser Stelle noch einmal an die Ausführungen in Abschn. 3.5, nach denen die KulTour in unserem Kopf beginnt. Dort sprachen wir über die Bedeutung stabiler neuronaler Verknüpfungen der bisherigen Erfahrungen mit der Kultur, die wir eigentlich verlassen wollen. Die zarten neuen neuronalen Verbindungen, die sich auf der Grundlage der ersten Erfahrungen mit der anzustrebenden Innovationskultur gebildet haben, müssen gegenüber den stabilen alten Verknüpfungen die Chance haben zu wachsen. Das setzt voraus, dass die Verantwortlichkeit für das Erreichen der gewünschten Ergebnisse aktiv gelebt wird. Dass verhindert wird, dass Führungskräfte und Mitarbeiter in alte Verhaltensweisen abrutschen und ihren neuen Rollenmustern und Verpflichtungen nicht nachkommen. Das erreichen wir, indem wir mit einem zu installierenden Monitoring-System den Fort-schritt des Kulturwandels verfolgen und entsprechend berichten – transparent und offen für die Betriebsöffentlichkeit und selbstverständlich auch ehrlich.

Der Aufbau eines solchen Monitoring-Systems kann sich an den folgenden Fragen orientieren:

- Mit welchen Kennzahlen oder Indikatoren messen wir den Fortschritt? Und woran erkennen wir, dass wir vorankommen? Hier hat die regelmäßige halb-jährliche Wiederholung der Kulturbefragung einen hohen Stellenwert. Anhand der Spinnengrafik lässt sich der Fortschritt des Kulturwandels sofort erkennen.
- Was sind die besten quantitativen und auch qualitativen Messgrößen, die gesammelt und ausgewertet werden sollten?
- Wie oft sollten wir den Fortschritt bewerten? Lieber häufiger als Sie spon-tan denken. Der Volksmund kennt den Spruch, dass man die Eisen schmieden sollte, solange sie heiß sind. Zudem führt jede Fortschrittsbewertung zu einer betriebsinternen Transparenz, was die Existenz und Bedeutung des Themas unterstreicht.
- Wann wird eigentlich die gesamte Veränderung eingetreten sein? Woran machen wir das fest?

Unzählige Male hörte ich in den Unternehmen Aussagen wie diese: Einer muss sich da mal drum kümmern. Beliebt ist auch: Ich würde ja gerne, wenn nur die ande-ren… Sehr gerne nehmen Menschen an, dass jemand anderes, oder „das Team" oder die Führungskräfte für den Kulturwandel verantwortlich sind. Lassen wir das zu, wird der Wandel hin zu einer Innovationskultur nicht funktionieren. Kulturwandel ist immer mit persönlicher Veränderung verbunden. Jeder Mitarbeiter für sich muss die Verantwortung für den Fortschritt annehmen und aktiv ausüben. Entsprechend müssen alle am Veränderungsprozess beteiligten Personen persönlich für bestimmte Aspekte der Veränderung verantwortlich sein. Im Falle eines Kulturwandels betrifft das das gesamte Unternehmen. Die obigen Fragen helfen, diesen Prozess der Wahr-nehmung der Verantwortung zu steuern. Kommen wir nun zum achten und damit letzten Schritt eines erfolgreichen Kulturwandels, der Kommunikation.

Kommunikation! Ja, aber wie genau?

Was ist, wenn die Menschen im Unternehmen die im letzten Kapitel skizzierte Verantwortung gar nicht übernehmen wollen, wenn sie nicht von der Notwen-digkeit der Veränderung überzeugt sind? In etlichen Fällen höre ich dann vom Top-Management, dass dann „die Kommunikation" versagt hätte. Damit ist selbst-verständlich nicht die eigene Führungskommunikation gemeint, es handelt sich vielmehr um einen dezenten Seitenhieb auf die Verantwortlichen in den Kommunikationsabteilungen. Häufig zu Unrecht! Ich habe selber u. a. als Kommunikationschef in diversen Unternehmen die Wirksamkeitsgrenzen von zentraler Veränderungskommunikation kennengelernt und eine gehörige Portion Demut für diese entwickelt. Kennenlernen durfte ich auch, dass die Versprechen der meisten PR- oder Kommunikationsagenturen, die sich mit „Excellence in Change Communications" brüsten, vor allem eines sind: heiße Luft.

Der Glaube, man könne die Kultur eines Unternehmens verändern, wenn man die Mitarbeiter nur häufig genug über die diversen on- und offline Kanäle mit den entsprechenden Botschaften beschallt, ist schlichtweg unsinnig und widerspricht den Aussagen von Abschn. 3.5 zur KulTour. Wenige Zeilen weiter oben schrieb ich zudem, dass der Erfolg eines Change-Projekts immer von der Bereitschaft eines jeden Mitarbeiters zu persönlicher Veränderung abhängig ist. Entsprechend bedarf es einer Kommunikation, die jeden Mitarbeiter adäquat anspricht und die individuellen Bedürfnisse adressiert. Diese Art von Kommunikationsarbeit nennt man Leadership. Eine zentral gesteuerte Kommunikation hat die Aufgabe die vielen Leadership-Bemühungen zu unterstützen. Eine sehr wichtige Aufgabe, aber die zentrale Kommunikationsarbeit ist von den Führungskräften vor Ort zu erledigen – gestaltet als zwischenmenschliche Kommunikation.

Erfolgreiche Veränderungskommunikation in nuce
Viel ist bereits über das kleine und das große 1 × 1 der Veränderungskommunikation geschrieben worden. Nach über 25 Jahren Erfahrungen (Erfolge und Fehler) bei der Gestaltung von Veränderungsprojekten und der Begleitung zahlreicher Kulturwandel, möchte ich daher hier die Essenz in der Nussschale bieten – in nuce.

In einem ersten Schritt stellen wir uns daher die Frage, wovon die Veränderungsbereitschaft von Menschen abhängt. Eine sehr plakative Antwort darauf gaben die Organisationswissenschaftler Richard Beckhard und David Gleicher mit ihrer Veränderungsformel[9], die schließlich in die Managementliteratur eingegangen ist. In meinen Vorlesungen und bei der Arbeit in den Unternehmen vor Ort nutze ich die folgende Abwandlung in Abb. 3.8.

In dieser Gleichung wird der Funktionszusammenhang der drei wesentlichen Bestimmungsfaktoren der Veränderungsbereitschaft dargestellt. Niemand macht sich auf den Weg zu einer KulTour einer Innovationskultur, wenn die augenblickliche Unternehmenskultur als befriedigend oder gar gut empfunden wird, das Ziel (die Innovationskultur) nicht attraktiv ist und der Weg dahin nicht als möglich angesehen wird. In dieser kleinen Formel sind die drei Variablen multiplikativ verknüpft; ist

---

[9] R (esistance against change) < D (issatisfaction) × V (ision) × F (irst steps) [4].

V = f (U*Z*W)

V   Das Ausmaß der Veränderungsbereitschaft, hängt ab von...

U   Unzufriedenheit mit dem gegenwärtigen Zustand

Z   Attraktivität des Zielzustands

W   Praktikabilität des Weges

Abb. 3.8 Die Veränderungsformel (weber.advisory)

eine der drei Größen klein oder gar bei null, ist die gesamte Veränderungsbereitschaft klein oder nicht vorhanden.

Entsprechend lässt sich aus dieser Formel eine Gliederung für eine Change Story ableiten. Eine Geschichte, die alle drei Größen bedient. So richtet sich die gesamte Kommunikation an den folgenden 5 Fragen aus, die sich an der obigen Formel orientieren (Abb. 3.9).

Die erste Frage setzt sich mit der Ausgangslage auseinander. Die Fragen 3 und 4 beschäftigen sich mit der Praktikabilität des Weges hin zur Innovationskultur. „Wie machen wir das?", beantwortet diese Frage auf der Ebene des Unternehmens oder

1.   Wo stehen wir?

2.   Wo wollen wir hin? *Why?*

3.   Wie machen wir das?

4.   Was bedeutet das für den Einzelnen?

5.   Warum schaffen wir das?

Abb. 3.9 Gliederung einer Change Story (weber.advisory)

eines Teams, und die Frage nach den Konsequenzen für den einzelnen Mitarbeiter beleuchtet, was konkret jede einzelne Person künftig anders machen wird. Hier sind wir wieder auf der Ebene der Erfahrungen angelangt, die dann neurologisch verankert werden. Die Frage 5 adressiert das organisationale Veränderungsgedächtnis. Hier werden, im Wege einer Vorweg-Einwand-Behandlung, genau die Themen aufgenommen, die den Mitarbeitern im konkreten Veränderungsfall das Vertrauen in das Gelingen des Wandels nehmen. Dieses „Alles schön und gut, ABER…". Um die Frage 5 gut zu beantworten, muss man sich mit der Historie der bisherigen Veränderungen intensiv beschäftigen. Müssen ungeschminkt die Gründe analysiert werden, warum Veränderungen in der Vergangenheit gut oder weniger gut liefen, muss man die Erfolgs- oder Misserfolgsgründe kennen und in eine aktive Kommunikation einbauen. Eine Kommunikation, die glaubwürdig den Gedanken zulässt, dass es dieses Mal anders verlaufen wird. Der angenehme Nebeneffekt dieser Beschäftigung mit der Vergangenheit ist, dass man viel für die aktuellen Veränderungsprojekte lernt, was funktionieren kann und was nicht.

Die zweite Frage beschäftigt sich mit dem Zielbild, in unserem Fall mit der Attraktivität und der Vorteilhaftigkeit der Innovationskultur. Der kleine Hinweis in der Abb. 3.9 auf das „Why" soll Ihre Aufmerksamkeit auf ein interessantes Konzept[10] von Simon Sinek lenken. Neben dem in der Literaturangabe empfohlenen Buch (Sinek 2011) sei an dieser Stelle zur Verkürzung der Ausführungen vor allem auf das Video des TED-Talks „How great leaders inspire action" [5] hingewiesen. In diesem stellt Sinek das klassische Denken auf den Kopf. Nicht mehr die Fragen nach dem „Was" oder dem „Wie" stehen im Mittelpunkt, sondern die Frage nach dem „Warum" bildet den Ausgangspunkt des Denkens.

Im Original seines Golden Circle ist es die Frage nach dem „Why". Mit der häufig verwendeten Übersetzung „Warum" bin ich nur bedingt zufrieden. Es ist vergangenheitsbezogen. „Wofür" oder „Wozu" sind meines Erachtens die besseren Übersetzungen.

In einem unternehmerischen Kontext definiert Sinek mit dem „Why" den Sinn einer Unternehmung[11]. Mühelos lässt sich dieses Konzept auch auf persönliche[12] oder auch unternehmerische Projekte, wie einen Wandel hin zur Innovationskultur, übertragen. Dieses „Why" ist der Fixstern, der einem Vorhaben eine Identität und damit einen Sinn verleiht und folglich Orientierung gibt.

---

[10] „Start with Why"

[11] Ein schönes Beispiel bietet der Kofferhersteller Delsey [6].

[12] Die Arbeit mit dem „Why" lässt sich auch wunderbar auf die Coaching-Arbeiten oder die Weiterentwicklung von Persönlichkeiten übertragen: Was ist Dein persönliches „Why"? Wofür brennst Du? Was ist Deine Leidenschaft?

Ein weiterer Vorteil der Herangehensweise, das zweite Kapitel einer Change Story mit dem „Why" zu bearbeiten ist, dass es direkten Zugang zum limbischen System bietet und damit zur Schaltzentrale unserer Entscheidungen. Die Antwort auf die Frage, mache ich mit oder nicht, entscheidet sich, wie wir gleich zeigen, genau dort.

Storytelling mit emotionalen Geschichten
Genau aus diesem Grund wird in unserer Arbeit die normale Kommunikationsarbeit um das emotionale Storytelling ergänzt. Ein Kulturwandel hin zu einer Innovationskultur lässt sich am besten durch Geschichten kommunizieren und veranschaulichen. Dabei werden die wichtigsten Werte, gewünschte Orientierungen und Verhaltensweisen, die die neue Kultur kennzeichnen sollen, durch Geschichten und Bilder deutlicher vermittelt als auf andere Weise, denn sie werden sogleich limbisch verankert.

Emotionale Kommunikation
Um nicht den Umfang dieses Essentials zu sprengen, machen wir hier nur einen Miniausflug in unseren Kopf. Dieser soll verdeutlichen, warum die Geschichten und Bilder vor allem unsere Emotionen ansprechen sollen. Der jüngste Teil der Großhirnrinde, ein Teil den nur wir Menschen sowie die Menschenaffen haben, ist der Neocortex. Dieser ist verantwortlich für rationales und analytisches Denken sowie für die Sprache.

Ein weiteres wichtiges Teil unseres Hirns ist das limbische System. Dieses ist verantwortlich für unsere Gefühle, unser Verhalten sowie – Achtung ganz wichtig – für unsere Entscheidungen. Das limbische System ist aber nicht mit der Sprache verknüpft. Deshalb fällt es uns so schwer, unsere Gefühle in Sprache zu fassen. Wir tun uns sehr schwer, wenn wir erklären sollen, warum wir etwa unseren Ehepartner geheiratet haben. All das, was Menschen hierauf antworten, trifft auf Tausende von weiteren Menschen zu. Unsere Gefühle aber kennen eine Antwort auf diese Frage. Wir können es nur nicht in Worte fassen und erklären. Also rationalisieren wir das, was wir meinen zu fühlen.

Wenn wir also die Menschen mit einer großen Zahl von rationalen Informationen bedienen, dann werden diese im Neocortex verarbeitet. Aber ein bestimmtes Verhalten wird bei diesen Menschen nicht hervorgerufen, ebenso wenig werden Entscheidungen getroffen. Beide haben ihren Ursprung ja im limbischen System. Dieses adressieren wir mit Emotionen. Auch wenn es vielen ZDF-geprägten[13] Managern nicht gefällt, aber der Mensch ist kein rationales Wesen. Er ist ein emotionales

---

[13] ZDF = Zahlen, Daten und Fakten.

Wesen, das auch Vernunft hat. Wenn wir also Veränderungen initiieren wollen, müssen wir mittels von Geschichten und Bildern die nötigen Emotionen erzeugen, damit im limbischen System unserer Mitarbeiter die Entscheidung zugunsten der neuen Kultur getroffen wird. Hüten Sie sich also vor allzu rationaler Zahlen, Daten und Fakten basierter Information über die Innovationskultur und wecken Sie stattdessen lieber eine tief emotional verankerte Sehnsucht.

3.9   Ja, es ist anders!

Ich bin mir vollkommen bewusst, damit einen anderen Weg zu beschreiten, als er bislang in den meisten Kulturwandelprojekten gegangen wurde und immer noch wird. Aber Hand aufs Herz: Wie viele erfolgreiche Kulturveränderungen kennen Sie? Nach unseren Erfahrungen ist das organisationale Change-Gedächtnis in den meisten Unternehmen aufgeladen mit gescheiterten oder abgebrochenen Veränderungs- und auch Kulturwandelprojekten. Diese lasten wie eine bleischwere Hypothek auf jeglichem erneuten Versuch, die Kultur einer Organisation zu verändern – eine resignative „Wird auch dieses Mal nicht klappen"-Attitude macht sich breit, der mitunter Lethargie und Stillstand folgen. Wählen wir aber den limbischen Weg über emotionale Geschichten und Bilder, so haben wir eine sehr gute Chance erfolgreich zu sein.

Erfolgreiche Veränderungskommunikation erfordert auf das zu schauen, was die Veränderungsbereitschaft der Menschen jeweils bedingt, dieses dann in Bildern und emotionalen Botschaften in einer 5-teiligen Change Story zu formulieren und sich dabei weniger von rationalen Argumenten, sondern von Emotionen leiten zu lassen.

Neben der Fehler-Resilienz à la Nietzsche ist das ein weiterer Baustein, der zu Innovation aus Leidenschaft führt. Lassen wir Emotionen nicht nur zu, bedienen wir uns dieser aktiv. Aber Achtung, es sollten natürlich positive Emotionen sein. Beschäftigen wir uns in diesem Kontext mit den Gedanken von Prof. Dr. Gerald Hüther, Neurobiologe an der Universität Göttingen [7]. Er vertritt die Ansicht, dass wir dann besonders gut lernen, wenn wir uns im Zustand der Begeisterung befinden. Ein Change-Prozess ist ja nichts anderes als ein Lernprozess, und aus diesem Grunde gelten die Aussagen wie und warum wir gut lernen auch für Veränderungen.

Die Forschungsergebnisse von Hüther zeigen, dass das Lernen nicht nur eine kognitive Tätigkeit, sondern vor allem eine ganzkörperliche Erfahrung ist. Jede Lernerfahrung ist demnach mit einem Gefühl verknüpft und wir können nur dann etwas wirklich lernen, wenn die sogenannten emotionalen Zentren im Gehirn aktiviert werden. Diese schütten die neuroplastischen Botenstoffe aus, sodass Gelerntes auch im Gehirn verankert werden kann. Hierzu zählen unter anderem Endorphine und das Oxytocin, die unsere Nervenzellen dazu bringen, neue Eiweiße zu produzieren, welches wieder notwendig ist, um Wachstums- und Umbauprozesse von neuronalen Netzwerken zu initiieren. Nach Hüther ist die beste emotionale Aktivierung, die wir kennen, der Zustand der Begeisterung. So gesehen wird Begeisterung zum Doping für Veränderungsprozesse.

Mit Blick auf Ihren beruflichen Alltag werden Sie nun vielleicht bedauernd lächeln und sich fragen, wann Sie das letzte Mal begeistert waren. Ja, Begeisterung ist eine Emotion, die in unserer funktionalisierten Gesellschaft kaum vorhanden ist. Während kleine Kinder bei ihren Lernprozessen täglich bis zu einhundert Begeisterungsstürme erleben, gehört das in der Erwachsenenwelt zur Mangelware.

Deswegen der Titel dieses Buches – Innovation aus Leidenschaft: Wie gelingt es uns, im Unternehmen ein Klima der positiven Emotionen, der Begeisterung und der Leidenschaft zu schaffen, damit Lern- und Veränderungsprozesse die erforderlichen Rahmenbedingungen haben?

Führung

4

Das führt uns zum letzten Thema dieser kleinen Schrift: den Führungskräften und ihrer Arbeit. Um gleich ganz viel Gewicht von den Schultern der Leser zu nehmen, die als Führungskräfte tätig sind: Nein, Sie sind nicht unmittelbar dafür verantwortlich, dass Ihre Mitarbeiter begeistert sind. Sie sind in meinen Augen nicht einmal dafür zuständig, dass diese zufrieden sind.

Auch wenn es in vielen Führungskräfte-Seminaren immer wieder behauptet wird, Mitarbeiterzufriedenheit ist kein Ziel von Führung. Wer sich in seiner Führungsarbeit daran ausrichtet, wie zufrieden das Team ist, der wird sich auf dem schnellst möglichen Weg in ein Hamsterrad begeben. Man arbeitet die ganze Zeit daran und bleibt doch am selben Platz. Menschen neigen dazu, sich sehr schnell mit einem neu erreichten Zufriedenheitsniveau zu arrangieren und dieses dann alsbald wieder als Normalzustand zu sehen.

4.1 Vorsicht vor der hedonistischen Tretmühle und Feelgood Managern

So hart es klingt, bei den wenigsten Menschen ist Zufriedenheit ein Dauerzustand. Halten Sie gerne kurz inne und machen Sie eine Eigenreflexion: Wir gewöhnen uns sehr rasch an die Dinge oder neue Lebensumstände, die uns zufrieden machen. Einem Hamster in seinem Rad gleich müssen wir uns dann ständig abstrampeln, um zufriedener zu werden, kommen aber letztendlich nicht vom Fleck. Kaum ist ein neues Niveau erreicht, schleicht sich die Gewohnheit ein und ein neues, höheres Ziel muss her. Wir sind gefangen in der Tretmühle des immer „höher, weiter schneller Modus", bei dem – wenn wir nicht aufpassen – letztendlich das eigene Leben ganz schnell auf der Strecke bleiben kann. Unterstützen

Führungskräfte diese hedonistische Tretmühle [8] – so der passende Begriff aus der positiven Psychologie – begeben sie sich selber in eine solche. Eine wirkungsvolle Führungskraft hingegen bewahrt sich selber vor dieser Endlosschleife und vermeidet Anreize, dass die eigenen Mitarbeiter in sie tappen.

Ignorieren Sie also getrost Aussagen, die Corporate Happiness als Führungssystem beschreiben und nein, als Unternehmer müssen Sie auch keinen Corporate Happiness Director einstellen. Achten Sie auch auf Führungskräfte, die sich als Feelgood Manager verstehen, hier besteht die große Gefahr, dass wirkungslose Akzente gesetzt werden.

4.2   Führungskraft oder Manager?

Wenn es wirkungslose Akzente gibt, dann muss es auch wirkungsvolle Akzente geben. Diese sind dann geeignet, die Frage nach dem Inhalt von Führung zu beantworten. Zur Vermeidung des bei uns belasteten Wortes Führers hat es sich etabliert, von Leadern zu sprechen und auch Führung durch Leadership zu ersetzen. In der Folge werden die Worte synonym verwendet. Interessant ist für mich nur, was eine Führungskraft/Leader macht oder was Führung oder Leadership bewirken, und das im Kontext von Innovationen.

Ein Teil der Antwort lässt sich häufig in der Herkunft von Wörtern finden. Der Ausdruck „führen" geht auf das mittelhochdeutsche Wort „vüeren" und das althochdeutsche Wort „fuoren" zurück und ist ein Kausativ zu „fahren". Damit bedeutet führen ursprünglich „jemanden fahren lassen". Die Bedeutung des „leiten" stammt erst aus der neuhochdeutschen Zeit und ist bis heute erhalten geblieben.

Bei dem diesem Buch zugrundeliegenden Verständnis von Führung möchte ich mich aber aller germanistischen Sprachstufen bedienen und einen Bogen schlagen zwischen dem „jemanden die Freiheit gebenden fahren lassen", bis zum verantwortlichen „(an-)leiten".

Wesentlich erscheint mir zudem, Führung und Management voneinander zu unterscheiden. Das Internet hält hier bei der Bildersuche eine Vielzahl von sinnreichen und unterhaltenden Grafiken parat [9]. Ich möchte an dieser Stelle die Gedanken des bekannten Harvard-Professors John P. Kotter aufgreifen, die er bereits 1990 in seinem Buch „Force for Change – How Leadership Differs From Management" beschrieben hat (Abb. 4.1).

Kotter arbeitet deutlich heraus, dass sich die Fähigkeiten, die einen Manager und einen Leader ausmachen, so stark unterscheiden, dass sie sich selten in einer

Kotter bestimmt für jeden Begriff drei Kernprozesse:

Management	Leadership
1. Planen und budgetieren	1. Die Richtung vorgeben
2. Organisieren und Stellen besetzen	2. Mitarbeiter danach ausrichten
3. Controlling und Probleme lösen	3. Inspiration und Motivation

Unterschied in den Ergebnissen der Arbeit von Managern und Leadern:

Management...	Leadership...
...erzeugt Ordnung und Konstanz.	...erzeugt Wandel und Bewegung.

Abb. 4.1 Unterscheidung von Management und Leadership nach John P. Kotter

Person vereinen lassen. In den meisten Fällen sind Chefs[1] in einem von beiden deutlich besser als in dem anderen. Laut einer seiner Studien sagen zwei Drittel von 200 befragten Managern, ihr Unternehmen habe zu viele Chefs, die stark in Management, aber nicht in der Führung wären. 95 % der Befragten waren der Meinung, es gäbe zu wenige Chefs, die beide Qualitäten hätten. Kotter kommt auch aufgrund eigener Beobachtung zu dem Schluss, die meisten Unternehmen seien „over-managed« und »under-led".

Eine Diagnose, der ich mich auf der Basis von mehr als 25 Jahren Erfahrungen anschließen möchte. Exakt daran kranken die meisten Veränderungsvorhaben und Innovationsinitiativen – gemanagte Prozesse und nicht geführte Menschen. Arbeit an der Organisation und nicht Arbeit mit den Menschen. Wir haben zu wenig Führung in den Unternehmen.

In Workshops mit und im Coaching von Führungskräften setze ich gerne die Grafik in Abb. 4.2 ein.

Zum einen detailliert diese Grafik die Gedanken der Kotterschen Kernprozesse und hilft dabei, die Unterschiede besser zu verstehen, sowie zu erkennen, was

---

[1] An dieser Stelle wird bewusst das neutrale Wort „Chef" verwendet und nicht mit Managern oder Führungskräften gearbeitet – um deren Unterscheidung geht es ja gerade. Auch wird nicht mit dem Wort „Vorgesetzter" gearbeitet. Das liegt in meiner persönlichen Abneigung zu diesem Begriff: Vorgesetzte werden einem vorgesetzt und da sind sie nun einmal. Das entspricht zwar häufig der Realität, ist aber ein Teil der Misere, warum Unternehmen bei Innovationen so viel Potenzial verspielen.

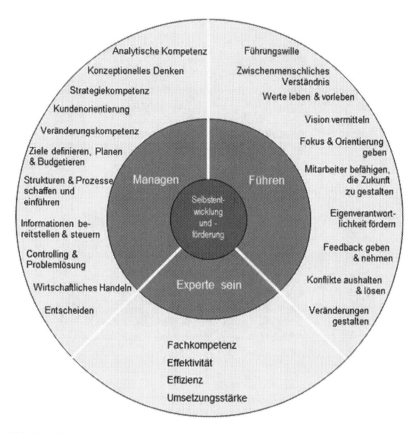

Abb. 4.2 Die Rollenpizza. (Eigene Darstellung weber.advisory)

sich im Detail hinter den Rollen verbirgt[2]. Ergänzend führt sie mit der Expertenrolle eine dritte Kategorie und nicht zuletzt lenkt sie den Blick darauf, dass
wirkungsvolle Chefs immer auch an der eigenen Persönlichkeit zu arbeiten haben.
Unterlassen sie das, so verlieren sie schnell an Wirkungsmacht.

---

[2] Selbstverständlich ist diese Aufführung exemplarisch und nicht abschließend. Die abgebil-
dete Aufteilung der Rollen und Aufgaben ist keine idealtypische Orientierung. Vielmehr muss
jede Führungskraft die eigene individuelle Aufteilung selbst bestimmen. Diese wird je nach
Verantwortungsbereich, Hierarchieebene und persönlichem Zuschnitt der Funktion variieren.
Allerdings darf auch keine der Rollen in der Praxis fehlen oder zu kurz kommen.

Zum anderen eignet sich diese Grafik hervorragend für eine ganz simple Abfrage, deren Antwort aber gewisse Brisanz bereithält: „Geben Sie bitte an, wieviel Prozent Ihrer täglichen Arbeitszeit sich im Durchschnitt eines Jahres auf die einzelnen Felder verteilt." Bevor Sie weiterlesen, sind Sie sehr herzlich eingeladen, sich diese Frage selber zu stellen und in Ruhe darüber nachzudenken. Schauen Sie dann, ob Ihre Erkenntnisse mit denen korrespondieren, die ich in hunderten von Workshops und Coachings über alle Hierarchieebenen hinweg ermittelt habe.

Erkenntnisse:

1. Das Gros der Befragten gibt mit gut Ø 85 % an, sich vornehmlich mit den Rollen Manager und Experte zu beschäftigen.
2. Differenziert man nach Hierarchieebenen, so nimmt der Anteil des Managements zulasten der Expertenrolle zu, je höher die Personen angesiedelt sind.
3. Der Anteil, der dann auf die Rolle Führungskraft entfällt, wird mit knapp Ø 15 % angegeben.
4. Infolgedessen wird das, was in der Grafik in der Mitte steht, die Arbeit an sich selber, in nahezu allen Befragungen mit 0 % angegeben.

Allein über den letzten Punkt und dessen Auswirkungen könnte man ein eigenes Buch schreiben. Der Kürze willen an dieser Stelle daher nur zwei schnelle Gedanken im Exkurs. Sie, liebe Leserinnen und Leser, können das dann ja bei Interesse vertiefen:

1. Wie steht es um die Bereitschaft Feedback anzunehmen und dieses in eine schonungslose Arbeit an sich selber zu überführen? Führungskräfte brauchen Feedback! Ohne dieses können sie sich nicht verbessern und weiterentwickeln. Ihre Stellung bedingt, dass sie nur sehr selten ehrliche und konstruktive Rückmeldung bekommen. Die Folge? Ein unrealistisches und verzerrtes Selbstbild. Das wieder beeinträchtigt Zusammenhalt, Zusammenarbeit und abschließend den Erfolg des Teams. Nur wenn Führungskräfte ihre Wirkung kennen, können sie passend führen. Eine Führungskraft, die kein Feedback annehmen möchte, hat auch kein Interesse an einer Selbstreflexion. Das bedeutet auch, dass diese Führungskraft sich nicht weiterentwickeln wird. Eine solche Führungskraft hat auch kein wirkliches Interesse am Unternehmenserfolg.
2. Klarheit über wichtige Fragen wie: Wofür stehe ich? Was ist mir als Führungskraft wichtig? Was sind meine Führungsprinzipien? Was können meine Mitarbeiter von mir erwarten? Was sind meine eigenen Bedürfnisse?

4.3   Zu wenig Führung in den Unternehmen – Warum eigentlich?

Die zuvor geschilderten Erkenntnisse bestätigen die Aussage von Kotter, die meisten Unternehmen seien „over-managed" und „under-led". Das Bild ist bereits für die Bewältigung des normalen operativen Tagesgeschäfts traurig. Für Unternehmen, die in einem VUCA-Umfeld ihre Zukunft über Innovationen absichern wollen, ist das verheerend[3].

Dieses viel zu geringe Ausmaß an Führung lässt sich im Wesentlichen anhand von zwei Themen erläutern:

Eine Frage der Ausbildung
Eine der in meinen Augen wesentlichen Ursachen liegt in der Ausbildung der heute in den Unternehmen aktiven Manager und damit im klassischen Studium der Betriebswirtschaftslehre und der hieraus resultierenden kulturellen Prägung und Sozialisierung. Bereits vom ersten Semester an lernten und lernen leider heute noch die Studierenden eine bestimmte Einordnung des Menschen in das Unternehmen. Diese ist immer noch geprägt von einer tayloristischen Sicht des Menschen als flexibler Handlanger beziehungsweise Ressource. Auch wenn es einige Führungsmodelle gibt, die eine andere Betrachtungsweise in den Vordergrund stellen, so dominiert doch immer noch die klassische instrumentelle und buchhalterische Sichtweise des Menschen in der Organisation.

Mitarbeiter führen zu Personalkosten und diese werden wie andere Kostenarten auch in der GuV geführt. Zwar wird in den Hochglanzbroschüren der Personalabteilungen und den Reden der Unternehmensleitung immer wieder vom Humankapital gesprochen, doch schon rein betriebswirtschaftlich müssen das Lippenbekenntnisse sein. Ansonsten würden die Mitarbeiter als Aktivposten in der Bilanz zu finden und damit deren Wert dokumentiert sein.

Zudem werden charakterliche und gesellschaftliche Aspekte, philosophische und gesellschaftspolitische Fragen beim BWL Studium kaum berücksichtigt. Die Ausbildung wird dominiert durch Modelle, Sachlogik und Fallstudien. Der Mensch und seine Bedürfnisse sowie seine Motivationslagen werden weitgehend ausgeklammert. Ignoriert wird dabei geflissentlich eine Erkenntnis aus der Psychologie, dass Menschen primär handeln, um ihre Bedürfnisse zu befriedigen. Möchte man also verstehen, warum die eigenen Mitarbeiter in einer bestimmten Art und Weise

---

[3] So auch Unternehmen, die komplexe Veränderungsprojekte zu bewältigen haben. Das ist zwar nicht Kern dieser Schrift, sollte aber wegen der Brisanz nicht unerwähnt bleiben.

handeln und nicht anders, so muss man sich mit der jeweiligen Person auseinandersetzen. Man muss dann erkennen, was deren Bedürfnisse und Wertvorstellungen sind. Man muss sich letztendlich der Identität einer Person nähern. Das muss man wollen und auch können. Letzteres bedeutet, dass man es irgendwo gelernt haben muss. Im klassischen BWL-Studium jedenfalls leider nicht.

Gleiches gilt für die zwischenmenschliche Kommunikation. Das kann man ja. Diese ist schließlich alltäglich und funktioniert scheinbar selbstverständlich. Hinterfragt wird sie erst bei Missverständnissen oder Rückschlägen – dann, wenn das Gegenüber irritiert oder gar beleidigt ist. Dann, wenn die Performance bereits leidet, weil die Menschen nicht mehr bei der Sache sind und nur vermuten, statt zu wissen. Wie wäre es stattdessen, die Kommunikation zwischen Führungskraft und Mitarbeitern vorausschauend zu optimieren, zu reflektieren und zu trainieren – und das regelmäßig? Dabei ist das Wissen hierfür schon lange Zeit vorhanden. Die Grundlagen legten bereits die alten Griechen und die Beschäftigung mit Aristoteles[4] beispielsweise würde Manager in der Kunst der Überzeugung unterweisen.

Stattdessen beschäftigen sich die Studierenden etwa mit den Tiefen von Compliance, was eine immer stärkere Bedeutung in Unternehmen bekommt und den Unternehmern zusehends Freiheiten nimmt. Hierunter verstehen wir alles, was im Unternehmen irgendwie mit Rechts- und Regelwerken zu tun hat. Das manifestiert die bestehende Sichtweise des Menschen und regelt auf dieser Basis den Umgang untereinander. Übertrieben formuliert: Was erlaubt ist und was nicht, steht im Verhaltenskodex und ist nicht mehr das Ergebnis einer individuellen wertegeprägten Reflexion.

Unternehmenskulturell ein Desaster, fördert es doch die Hierarchiekultur und führt weg von der innovationsfördernden Adhocratie-Kultur. Ein wenig auf die Spitze getrieben: Alles ist geregelt und man muss nicht nachdenken. Tugenden des ehrbaren Kaufmanns sind nicht mehr notwendig. Compliance unterstellt latent, dass der Mensch schlecht ist und Böses im Schilde führt. Auf diesem Menschenbild wird dann in den Unternehmen geführt.

Die Konsequenzen aus diesen Aspekten lassen sich in gängigen Umfragen zur Mitarbeiterzufriedenheit und dem Mitarbeiterengagement erkennen. Die funktionale Betrachtungsweise des Menschen in der Organisation verbunden mit dem kommunikativen Unvermögen vieler Manager sowie der steigende Regulierungswahn führen zu unzufriedenen und demotivierten sowie wenig engagierten

---

[4] Um jemanden überzeugend zu gewinnen, braucht es dreierlei: Logos, Ethos und Pathos. Eine gut durchdachte und starke Rhetorik, eine persönliche und moralische Integrität sowie Leidenschaft und Gefühle, die den Empfänger ansprechen. Übrigens: Die Beschäftigung damit lässt sich dem Segment „Selbstentwicklung und –förderung" der Abb. 4.2 zuordnen.

Mitarbeitern. Die Konsequenzen hieraus haben durchaus eine betriebswirtschaftliche Dimension: Zufriedene Mitarbeiter sind loyaler und engagierter. Das steigert die Produktivität, verbessert damit die GuV und führt auch zu einem deutlich besseren Klima für Innovationen.

Was aber kann man tun? Wenn Peter Drucker über das Management sagt, „It´s all about people", dann meint er damit nicht, dass Mitarbeiter auf Ressourcen bzw. Einsatzfaktoren zu reduzieren sind. Es braucht ein neues Verständnis vom Menschen in der BWL. Managen lernen die Studierenden und damit beherrschen sie den Umgang von sachlichen Vorgängen und Zeit. Was sie zwingend zusätzlich lernen sollten ist der Umgang mit den Menschen. Das Orchestrieren von Zusammenarbeit und die Führung von Mitarbeitern sowie die zwischenmenschliche Kommunikation. Wir brauchen zudem den Mut, Führung im Unternehmen zu etablieren und anzuerkennen, dass Leader andere Eigenschaften haben als Manager. Gleiches gilt für die Auswahl von Führungspersonen. Bei Nachfolgebesetzungen machen die Unternehmen häufig die größten Fehler bei der Auswahl und verhindern auf diesem Wege Innovationen und motivierte Mitarbeiter – denen die Leidenschaft damit abhandenkommen wird.

Eine Frage der Karrierewege
Einige Jahre nach dem Berufseinstieg stellt sich die Frage der weiteren Entwicklung. Beruflich vorankommen und Karriere machen wird in vielen Unternehmen immer noch mit der Übernahme von Führungsverantwortung verbunden. Das geht häufig einher mit der Übung, dass der beste Sachbearbeiter zum Gruppenleiter befördert wird. Wir wissen aber inzwischen, dass das aus mehreren Gründen häufig kein sinnvoller und für alle Beteiligten passender Weg ist. Für Motivation und Produktivität ist vollkommen abträglich, wenn die falschen Personen Führungskraft werden.

Die Motivationspsychologie erklärt uns, dass für die Übernahme von Führungsaufgaben oftmals das Leitungs- und das Machtmotiv ausschlaggebend sind. Bei guten Fachkräften jedoch sind diese Motive häufig nur sehr gering ausgeprägt. Somit fehlt es diesen Experten an der Motivation, Führung, Verantwortung und Kontrolle übernehmen zu wollen. Mit anderen Worten, Menschen werden zur Führungskraft, obwohl sie dazu keine Eignung und Lust haben, aber trotzdem beruflich vorankommen möchten.

Wesentlich besser wären diese Personen auf adäquat dotierten Expertenpositionen untergebracht, um sich dort beispielsweise dem Thema der Innovation zu widmen. Ich erinnere mich gerne an einen ehemaligen Coaching-Kunden, mit dem ich exakt diese Thematik besprach. Es hat einiges an Gesprächen erfordert, bis er aus tiefster Überzeugung für sich festgelegt hat, seine Führungsaufgabe gegen den Widerstand seines Chefs und unter Murren seiner Familie niederzulegen und sich fortan im gleichen Unternehmen Fachthemen zu widmen – ein exzellenter Experte nebenbei bemerkt. Erst vor wenigen Tagen bestätigte er mir in einem Telefonat, wie richtig für ihn diese Entscheidung war[5].

Stattdessen verlassen nicht selten Potenzialträger die Unternehmen wieder, wenn ihnen neben der klassischen Führungslaufbahn keine weiteren Entwicklungsmöglichkeiten angeboten werden. Das ist aber vermeidbar, wenn Unternehmen dazu übergehen würden, weitere Entwicklungslaufbahnen zu schaffen. Große Konzerne wie etwa Siemens haben darüber bereits Anfang der 90er-Jahre nachgedacht und Fach- sowie Projektlaufbahnen etabliert. Im Rahmen der Expertenlaufbahn hat der Mitarbeiter die Gelegenheit, sein Expertentum weiter auszubauen und allenfalls unterstützt durch ein kleines Team voranzutreiben. Die Projektlaufbahn vereint die Vorzüge beider Laufbahnen: Mit inhaltlicher Expertise werden hier Mitarbeiter fachlich koordiniert, ohne für sie disziplinarisch verantwortlich zu sein. Berufliche Weiterentwicklung und Karriere sind so möglich, ohne zugleich Personalverantwortung übernehmen zu müssen.

Es spricht für sich selbst, dass eine höhere Anzahl gut qualifizierter und hoch motivierter Experten sowie Projekt-Manager der Durchführung von Innovationsprozessen sehr gut tun. Im Rahmen meiner Beratungs- und Hochschultätigkeiten habe ich aber leider immer wieder feststellen müssen, dass die wenigsten Unternehmen sich dazu durchgerungen haben, ein differenziertes Laufbahnkonzept anzubieten. Gerade in Zeiten, in denen die gleichen Unternehmen über den Fachkräftemangel klagen, wundert das sehr, tragen doch solche Konzepte auch zu einer deutlich höheren Arbeitgeberattraktivität bei.

4.4   Was ist Führung im Kontext von Innovation?

Mit meinen Studierenden diskutiere ich beim Thema Leadership die folgende Definition:

> „Führung ist die Fertigkeit, wirksame Zusammenarbeit und Kommunikation aller Angehörigen meines Teams für einen maximalen Kundennutzen und die Zukunftssicherung des Unternehmens zu orchestrieren."

Unschwer zu erkennen ist, dass sich hinter dem Aspekt der Zukunftssicherung auch und vor allem das Thema der Förderung von Innovationen verbirgt. Aus

---

[5] Zitat: „Nahezu jeden Morgen mit einem Lächeln aufzuwachen, das ist Lebensqualität."

1. Hohes Zugehörigkeitsgefühl der Mitarbeitenden zur Organisation und hohe Identifikation mit deren Werten und dem Geschäftsmodell.

2. Hohe Bereitschaft, sich kontinuierlich im und für die Organisation zu engagieren.

3. Freiräume schaffen und Mitarbeitende befähigen, damit diese über den Tellerrand blicken und bereit sind, die Zukunft der Organisation zu gestalten.

Abb. 4.3 Ziele von Führung (Vorlesung Weber an der Hochschule Fresenius)

dieser Definition leite ich drei Ziele[6] von Führung ab – diese haben nicht den Anspruch vollständig und abschließend zu sein, helfen aber sehr, die von mir vor allem vertretenen Themen des Change- und Innovationsmanagements zu unterstützen:

Zum Ende des 3. Kapitels stellte ich die Frage, wie wir es schaffen, im Unternehmen ein Klima der positiven Emotionen, der Begeisterung und der Leidenschaft zu schaffen, damit Lern- und Veränderungsprozesse die erforderlichen Rahmenbedingungen haben. Das genau stellt sich ein, wenn diese drei Ziele fokussiert und auch erreicht werden.

Gestaltung der Innovationskultur als zentrale Führungsaufgabe
In einem Interview mit der Wochenzeitung „Die Zeit" im Jahre 2010 sprach Götz Werner, der Gründer der Drogeriekette dm davon, dass für ihn ein Chef wie ein Gärtner sein sollte, der für sein Saatgut optimale Bedingungen schafft [10]. Konkret würde das bedeuten, dass ein erfolgreiches Unternehmen eine Plattform ist, auf der sich Menschen gut entwickeln können.

Entsprechend arbeiten Führungskräfte an den Rahmenbedingungen unter denen ihre Mitarbeiter erfolgreich sein können. Konkret in unserem Fall, an den Rahmenbedingungen, unter denen Innovationen entstehen – machen sie diesen Job gut, entsteht das Neue aus der Leidenschaft aller in der Organisation tätigen Menschen. Sie werden diesen Job gut machen, wenn sie sich bei ihrer Arbeit vor allem immer wieder auf die Beantwortung der folgenden Frage konzentrieren:

---

[6] Zur Sicherheit: Wie in 4.1 herausgearbeitet gehört die Zufriedenheit der Mitarbeiter nicht dazu.

„Wie kann ich heute meine Mitarbeiter noch besser unterstützen?"

Achtung Expertenmodus vermeiden: Diese Frage ist natürlich nicht so zu verstehen, dass die Chefs plötzlich anfangen selber in die Speichen zu greifen und ihren Mitarbeitern operativ zur Hand gehen. Es geht um die Arbeit an den Rahmenbedingungen und darum, wie zum Ende des Abschn. 3.5 angesprochen, als Ermöglicher von Erfahrungen zu wirken.

Rendezvous mit der Realität
Liebe Leserinnen und Leser, ich bin mir vollkommen darüber bewusst, dass das Formulierte ein hoher Anspruch ist, der in vielen Fällen (noch) nicht der Realität in den Unternehmen und Organisationen entspricht. Die Umsetzung von Definition und Zielen der Führung im obigen Sinne gleicht bei vielen „Amtsinhabern" einer Neuprogrammierung des eigenen Führungsverständnisses. Deren Art der Führung basiert auf anderen, klassischen Grundverständnissen, Werten und Kompetenzen. Was waren Chefs bislang? In der Regel waren sie Vorgesetzte[7] und agierten im Dreiklang von Experte, Manager und ein wenig Führungskraft. Die beiden ersten stellen keine großen Herausforderungen dar. Experten schöpfen aus ihrem jahrelang kultivierten Fachwissen und übernehmen Sachaufgaben oder leiten Mitarbeiter bei solchen an. Manager beschäftigen sich mit sachlichen und zeitlichen Ressourcen. Planen und budgetieren diese, vereinbaren Ziele und kontrollieren deren Erreichung. Zudem schaffen sie Strukturen und Prozesse. Manager und Experte sein, hat bislang bei den meisten Vorgesetzten alten Stils den größten Zeitanteil in Anspruch genommen. Was dann noch an Zeit für die Führungsaufgaben übrig bleibt, konzentriert sich vornehmlich auf die üblichen jährlichen Mitarbeitergespräche – Feedback geben und wenn es gut lief auch ein wenig fördern und entwickeln.

Autoritäre Führung ist Vergangenheit
Vielfach gehören die klassischen Vorgesetzten eher zu den Freunden des mehr oder weniger autoritären Führungsstils, bei dem der Entscheidungsspielraum bei einem selber statt beim Team liegt. Das passt bei vielen zum Selbstverständnis, schließlich hat man ja als Chef die Entscheidungs- und Kontrollgewalt und grenzt sich mit dieser von anderen ab, vor allem von den eigenen Untergebenen[8]. Wo kämen wir denn da hin, wenn mein Team innerhalb bestimmter Grenzen (die es dann auch noch

---

[7] Auch wenn der Begriff in Fußnote 16 von mir abgelehnt wurde, so verwende ich ihn hier doch. Mit Bezug auf das alte Führungsverständnis passt er hervorragend.

[8] Auch so ein fürchterliches Wort, das hoffentlich möglichst schnell aus dem Wortschatz gestrichen wird. Wenn wir ein Konzept eines Miteinanders auf Augenhöhe anstreben, dann passt dieses Wort gar nicht.

maßgeblich mitbestimmt) selber entscheidet, so ein Abteilungsleiter vor einiger Zeit im Zwiegespräch mit mir. Wenn der Entscheidungsspielraum stärker beim Team liegen würde, wüsste er ja gar nicht mehr, was er den lieben langen Tag tun solle. Das alles wird sich ändern, schneller als vielen vielleicht lieb ist. Die VUCA-Welt wird die Lebenswelt in den Unternehmen deutlich verändern und beschleunigen und damit die Notwendigkeit ständiger Innovationen erheblich befördern.

Den Beziehungsmanagern gehört die Zukunft
Die dauerhafte Veränderung wird zur neuen Realität und Stabilität zur Illusion. Damit bekommen auch Führungskräfte eine neue Aufgabe. In der neuen Welt wandeln sie sich vom kontrollierenden und anweisenden Vorgesetzten zum Beziehungs- und Netzmanager auf Augenhöhe mit dem Team. Das ängstigt viele Führungskräfte und nicht wenige sperren sich gegen diese Entwicklungen. Viele von Ihnen, liebe Leserinnen und Leser, werden sicher schon einmal den Spruch gehört haben, die drei Jahre bis zur Rente halte ich noch durch und danach ist mir alles egal. Losgelöst davon, dass das im höchsten Maße gegenüber dem Unternehmen und allen dort Beschäftigten eine asoziale Haltung ist, haben sich die Innovationszyklen derart beschleunigt, dass 3 Jahre mitunter eine Zeit ist, die so verlässlich nicht überblickbar ist. Also dann doch lieber gleich mitmachen und das Unternehmen neu gestalten. Das ist im Grunde eine tolle Herausforderung, zum Ende des Berufslebens noch einmal dabei gewesen zu sein, wenn etwas Neues entsteht, was die Zukunft des Unternehmens für eine bestimmte Zeit absichert.

Bereits 2001 hat der Leiter der technischen Entwicklung bei Google, Raymond „Ray" Kurzweil, auf der Grundlage von langjährigen Statistiken beschrieben, dass alle biologischen und technologischen Entwicklungen exponentiell erfolgen. Wir aber nehmen diesen Fortschritt aus der Vergangenheitsbetrachtung als lineare Entwicklung wahr und projizieren diese Linearität auch auf die Zukunft. Tatsächlich aber macht der technische Fortschritt viel schnellere und größere Schritte. Die Konsequenz? Wir unterschätzen Geschwindigkeit und Ausmaß des technischen Wandels und befinden uns dadurch in einer trügerischen und sehr gefährlichen Ruhe.

Hier die Fakten: In den letzten zwanzig Jahren hat sich die Verbreitung neuer Technologien erheblich beschleunigt. Das Erreichen der Schwelle von 50 Mio. Nutzern weltweit bedeutet gemeinhin, dass eine neue Technologie oder auch Dienstleitung ihren Durchbruch erreicht hat. Dann ist sie groß genug, um im Weltmaßstab wahrgenommen zu werden. Es ist aber noch genügend Potenzial für weiteres Wachstum. Einige Beispiele: Im Luftverkehr vergingen 68 Jahre, bis die Flugpreise derart niedrig waren, dass sie für immerhin 50 Mio. Menschen erschwinglich waren. Das Automobil benötigte 62 Jahre, das Fernsehen 22 Jahre und das Mobiltelefon lediglich 12 Jahre. Das Internet dann – welches selber 7 Jahre zur Erreichung dieser

Schwelle brauchte – veränderte die Spielregeln und beschleunigte massiv. Facebook benötigte noch 3 Jahre und Pokémon GO schaffte das in 19 Tagen. Woran liegt das? Zum einen an der einfachen Ausbreitung rein digitaler Dienste und zum anderen an Netzwerkeffekten. Damit ist eine exponentiell anwachsende Zahl von Verbindungen – und damit auch Kommunikationsmöglichkeiten – bei direkt miteinander verbundenen Usern gemeint[9], was dazu führt, dass das zugrunde liegende Netzwerk sehr schnell immer dichter wird.

Ist das relevant? Viele der klassischen Vorgesetzten entgegnen mir mit einem süffisanten Lächeln, dass Pokémon GO doch eine Spielerei sei und in ihrer Branche andere Gesetzmäßigkeiten gelten würden. Das haben die Manager der weltweit größten Hotelgruppe, Marriott International, wahrscheinlich auch gedacht und gar nicht bemerkt, als in 2008 zwei kalifornische Studenten ein kleines Unternehmen zur Vermittlung von Übernachtungen gründeten. Airbnb ist heute weltweit größter Anbieter von Übernachtungen und liegt mit seinem Unternehmenswert weit oberhalb von etablierten großen Hotel-Ketten. Wir alle wissen, dass die Reisebranche komplett umgekrempelt wurde und dieser Trend wird anhalten. Schließlich begleiten die meisten von uns diesen Trend als Kunden mit einem veränderten Konsumverhalten und verstärken damit die Disruption in der Branche. Die Search Visibility[10] von klassischen Unternehmen liegt hier nur im niedrigen zweistelligen Prozentbereich (Marriott: 10 % oder Hilton 16 %[11]) was die Wettbewerbsposition mit jedem Click verschlechtert [11].

Wohl oder übel wird man in diesem Spiel mitspielen müssen bzw. dürfen, wenn man es chancenorientiert betrachten möchte. Das kann eine Führungskraft ängstigen, muss aber nicht. Denn die gute Nachricht ist: In dieser VUCA-Welt bekommt Führung eine stärkere Bedeutung als je zuvor. Je volatiler, unbestimmbarer, komplexer und auch widersprüchlicher das Umfeld der Unternehmen wird und je stärker sich dieses mit dauerhaften Veränderungen beschäftigen muss, umso mehr sehnen sich die Mitarbeiter nach Halt und Orientierung.

Und wer gibt dieses Geländer, an dem sich Mitarbeiter durch den Wandel hangeln können? Führungskräfte! Das sind die originären Führungsaufgaben in der neuen Welt:

- Fokus und Orientierung geben.

---

[9] Während 2 Nutzer nur über eine direkte Verbindung verfügen, existieren bei 4 Nutzern bereits 6 Verbindungen – und bei 8 Nutzern sogar schon derer 28.

[10] Eine aus mehreren relevanten Search-Faktoren berechnete Kennzahl, mithilfe derer sich die Sichtbarkeit einer Website in den organischen Ergebnislisten von Suchmaschinen abbilden lässt.

[11] Zum Vergleich: Hotels.com: 42 %, Booking.com: 47 % und TripAdvisory sogar 83 %

- Zukunft zeigen, die Vision und das Big Picture sowie die Zusammenhänge vermitteln und deren Verwirklichung ermöglichen.
- Kreativität und die Generierung neuer Ideen fordern und fördern.
- Kontinuierliche Verbesserungen fördern.
- Zur Innovation ermutigen. Erlauben über den Tellerrand zu schauen und dort zu handeln und auch Wachstumsfehler zu machen.
- Eine Atmosphäre von Respekt Wertschätzung sowie Vertrauen schaffen und Eigenverantwortlichkeit fördern. Dann wird jeder einzelne Mitarbeiter zum Problemeigner, mit dem Anreiz, sich selbstständig um eine Lösung zu kümmern.

Mit anderen Worten, die Rahmenbedingungen schaffen, unter denen Neues entstehen und sich am Markt etablieren kann. Das alles passt zu dem in Abb. 3.5 beschriebenen Führungs-Typ der Adhocratie-Kultur. Dort sprachen wir vom Innovator, Entrepreneur und Visionär.

4.5   Schön und gut! Wie realistisch ist das?

In meinen Vorträgen und Seminaren höre ich genau diesen Einwand immer wieder. Gut gelaunt und mit viel Lust auf eine intensive Diskussion antworte ich mit dem großartigen Pablo Picasso: „Alles, was du dir vorstellen kannst, ist real.". Damit liegen die Möglichkeiten und die Grenzen bei einem selber. Cameron und Quinn (2011) haben ihr Kap. 6 betitelt mit „Individual change as a key to cultural change".

Und jetzt ende ich persönlich und emotional…

Es beginnt bei Dir als oberste Führungskraft. Du musst Deine Komfortzone verlassen und an Dir selber arbeiten um Dich so zu verändern, dass Du nach wie vor mitgestalten kannst. Weniger »over-managed« und »under-led«. Hab den Mut zur Führung und dann gibst Du es weiter über die Führungskaskade bis an jeden einzelnen Mitarbeiter. Wie sagte die Oma noch? Die Treppe wird von oben gekehrt.

Na toll, werden Sie als Gruppenleiterin oder Gruppenleiter nun sagen. Von oben bin ich weit entfernt und damit bin ich machtlos. Nochmals persönlich und emotional:

Nein, das seid Ihr nicht! Ich will mal mit dem alten Griechen Epiktet antworten: „Es sind nicht die Dinge selbst, die uns beunruhigen, sondern die Meinung, die wir über diese Dinge haben." Ihr selbst entscheidet, ob Ihr ohne oder mit Macht seid. Wie bei den Ebenen über Euch; Arbeit an Euch ist angesagt, so auch Mut zur Veränderung.

Sucht Euch Mitstreiter. Und beherzigt den Gedanken, dass man ein Unternehmen nicht verlassen muss, um in einem besseren zu arbeiten.

Und zur Not gibt es immer noch einen Plan B – Einfach bei mir melden. Machen wir eine gemeinsamen Termin mit der Unternehmensspitze. Diesen Damen und Herren schenke ich dann gerne dieses Büchlein verbunden mit einem ersten unverbindlichen Sondierungsgespräch für eine erste Bestandsaufnahme.

Viel Erfolg auf Ihrer KulTour hin zu Innovationen aus Leidenschaft.

Was Sie aus diesem *essential* mitnehmen können

Wir haben uns in diesem Buch damit beschäftigt, dass der Unternehmer im Sinne von Friedrich Nietzsche aus Niederlagen, Rückschlägen und Fehlern die Energie holt, die notwendig ist, um eine Kultur zu schaffen, in der Innovationen aus Leidenschaft möglich sind.

Wir haben uns damit beschäftigt, was Unternehmenskultur ist und wie man sie gezielt verändern kann. Sie haben gelesen, dass es vor allem eine „Kopfsache" ist, ob in einem Unternehmen die Leidenschaft für Innovationen entstehen kann. Entsprechend wurde beschrieben, wie Führungskräfte mit „Neuro-Leadership" erfolgreich sein können und dass das auch ein verändertes Rollenverständnis von Führung erfordert. Zusammenfassend lässt sich sagen, dass Sie mit den folgenden Schritten gut und erfolgreich unterwegs sein werden:

- Beantworten Sie im Unternehmen die zentrale Frage: „Wie ist eigentlich unsere Haltung zum Neuen?".
- Schaffen Sie unternehmensweit ein Bewusstsein dafür, dass Unternehmenskultur kein Orchideenthema, sondern ein Erfolgsfaktor ist.
- Vermeiden Sie die Innovator´s Trap und stellen Sie sicher, dass Ihr bisheriger Erfolg Sie nicht an der Erneuerung hindert.
- Verdeutlichen Sie sich, dass die KulTour zu einer Unternehmenskultur, die Innovationen fördert, eine erfahrungsbasierte Reise ist und dass es zu den Hauptaufgaben von Führungskräften gehört, Rahmenbedingungen zu schaffen, die entsprechende Erfahrungen ermöglichen.

F. Weber, *Innovation aus Leidenschaft,* essentials, https://doi.org/10.1007/978-3-658-35507-4

- Analysieren Sie anhand eines vorgestellten Modells, ob Ihre Unternehmenskultur Innovationen eher behindert oder befördert – Haben Sie eine Adhocratie-Kultur oder eher weniger?
- Bauen Sie anhand eines 8-stufigen Vorgehensmodells die für Ihr Unternehmen passende Kultur, damit bei Ihnen Innovationen aus Leidenschaft möglich sind.
- Und erwecken Sie Ihre Führungskräfte zu Ermöglichern einer solchen KulTour.

Viel Erfolg auf diesem nicht einfachen Weg, den Sie und Ihre Mitstreiter im Unternehmen aber mit der nötigen Leidenschaft viel einfacher bewältigen können.

Ihr
Frank Weber
https://www.weber-advisory.com

Literatur

Bücher und Zeitschriften

Adams, D. (2005). Lachs im Zweifel (2. Aufl.), Heyne
Cameron, K. S., & Quinn, R. E. (2011). *Diagnosing and changing organizational culture.* Jossey-Bass.
Connors, R., & Smith, T. (2012). Change the culture change the game
Kotter, J. P. (1999). *A force for change – How leadership differs from management.*
March, J. G. (1991). Exploration and Exploitation in Organizational Learnung. *Organization Science, 2*(1), Special Issue: Organizational Learning.
Nietzsche, F. (1930). *Morgenröte* (S. 256). Kröner.
Prahalad, Coimbatore Krishnarao (6/2010) Warum Wandel so schwer fällt. Harvard Business Manager 20–21
Sinek, S. (2011). *Start with why: How great leaders inspire everyone to take action.* Penguin.
Toffler, A. (1984). Future shock. Reissue Edition
Weber, F., & Berendt, J. (2017). Robuste Unternehmen, Springer Gabler

Webseiten

Wegen Damens Conversations Lexikon: http://www.zeno.org/DamenConvLex-1834/A/Lei denschaft?hl=leidenschaft. Zugegriffen: 30. Juni. 2021.
Wegen Arten von Fehlern: http://blog.mindsetworks.com/entry/mistakes-are-not-all-created-equal. Zugegriffen: 30. Juni. 2021.
Wegen Henry Mintzberg: https://www.12manage.com/methods_mintzberg_configurations.html. Zugegriffen: 30. Juni. 2021.
Wegen Richard Beckhard und David Gleicher: https://crashkurs-it-projektleitung.de/widers tande-im-veranderungsprozess-bearbeiten/. Zugegriffen: 30. Juni. 2021.
Wegen Simon Sinek: https://www.ted.com/talks/simon_sinek_how_great_leaders_inspire_action?language=de. Zugegriffen: 30. Juni. 2021.
Wegen Anwendung von „Why?" beim Kofferhersteller Delsey: https://www.youtube.com/watch?v=b8CEd4u1Au4. Zugegriffen: 30. Juni. 2021.

Wegen Gerald Hüther: https://bit.ly/3vjIsSO. Zugegriffen: 30. Juni. 2021.

Wegen hedonistische Tretmühle: https://de.wikipedia.org/wiki/Hedonistische_Tretm%C3% BChle. Zugegriffen: 30. Juni. 2021.

Wegen Grafiken Leadership vs. Management https://www.iedunote.com/leadership-vs-man agement. Zugegriffen: 30. Juni. 2021.

Wegen Götz Werner: https://www.zeit.de/karriere/beruf/2010-11/interview-goetz-werner/ komplettansicht. Zugegriffen: 30. Juni. 2021.

Wegen Search Visibility Reisebranche: https://www.gartner.com/en/marketing/insights/ daily-insights/marriott-vs-airbnb. Zugegriffen: 30. Juni. 2021.

Printed in the United States
by Baker & Taylor Publisher Services